차별에 **맞서 꿈을 이룬 빛나는 여성들**

인물로 읽는 한국사

차별에 맞서 꿈을 이룬 빛나는 여성들

이진미 글 | 유시연 그림

휴먼어린이

초대하는 글

김만덕, 김점동, 유관순, 나혜석, 권기옥.

이 책에서 소개하는 다섯 분의 주인공은 조선부터 시작해 일제강점기를 거쳐 대한민국까지 다양한 시대를 살아오신 분들이에요. 또 역사에 남긴 업적도 각각 다르지요. 하지만 다섯 분에게는 놀랄 만큼 통하는 점이 있어요. 그게 무엇일까요?

물론 여성이라는 점이 똑같지요. 하지만 그보다 더 중요한 공통점이 있답니다. 그건 바로 이분들이 평생 자신을 둘러싼 한계를 뛰어넘기 위해 노력했다는 거예요. 한 분씩 살펴볼까요?

김만덕은 조선 시대에 제주에 사는 기녀였어요. 여성이라는 성별도, 기녀라는 신분도, 제주라는 지역도 조선에서는 모두 차별받는 조건이었어요. 하지만 김만덕은 그 모든 것을 뛰어넘어 높은 벼슬아치들도 하지 못하고 심지어 임금님조차 하지 못한 엄청난 일을 해내지요. 임금님이 어떤 소원이든 들어주겠다고 했을 때 김만덕이 무슨 소원을 말했을지 한번 맞춰 볼래요? 부귀영화 대신 만덕이 바란 소원 역시 평생 자신을 가두었던 한계를 단숨에 뛰어넘고자 하는 것이었답니다.

김점동은 미국으로 건너가 의학을 공부했어요. 그러는 동안 남편이 농장에서 일하며 김점동을 뒷바라지했지요. 우리는 흔히 그 반대의 이야기에 익숙하잖아요. 아내가 뒷바라지하여 남편이 큰일을 해낸다는 이야기들이요. 하지만 김점동 부부는 달랐지요. 그들은 당대의 고정 관념을 함께 뛰어넘었어요.

유관순을 비롯한 여학생들이 만세 운동을 하다가 감옥에 끌려갔을 때, 일제 경찰은 이렇게 물었다고 해요. "배후가 누구야?" 그 질문에는 '너희처럼 어린 여학생들이 뭘 안다고 만세를 불렀느냐, 분명 누군가 뒤에서 시키고 조종한 것이지.'라는 편견이 깃들어 있었지요. 하지만 나이 어린 소녀들도 무엇이 잘못된 것인지 스스로 판단할 수 있어요. 아무리 어렵고 힘들어도 옳다고 믿는 길을 스스로 선택할 수 있지요. 유관순과 만세를 부른 소녀들은 어른들이 제멋대로 만든 한계를 넘어섰던 거예요. 게다가 유관순은 3·1 운동 일주년을 맞아 옥중에서 다시 한번 만세 운동을 일으켰어요. 자신을 가두고 있는 감옥이라는 물리적 한계조차 극복한 것이지요.

나혜석은 여성에 대한 사회적 차별과 사람들의 편견에 온몸으로 저항했어요. 여자이기 이전에 사람으로, 예술가로 온전히 살아가고 싶다는 바람으로 시대의 한계를 뛰어넘고자 했지요.

권기옥은 집에서 차별받는 딸이었고 가난한 식민지의 백성이었지만, 비행사라는 불가능해 보이는 꿈을 마음에 품었어요. 그리고 온갖 어려움을 극복하며 결국은 자신의 꿈을 이루어 냈지요. 그러기 위해 무수히 많은 벽을 넘어야 했어요.

지금부터 다섯 분의 이야기를 들려줄게요. 이분들이 어떤 한계를 어떻게 뛰어넘으며 살아오셨는지 여러분이 직접 찾아보세요. 그리고 여러분 앞에 놓인 한계는 무엇인지, 그것을 어떻게 넘어서면 좋을지도 함께 고민해 보면 좋겠어요.

그리고 또 하나, 다섯 분의 주인공 외에도 이 책에는 실존했던 인물들이 더 있답니다. 김점동을 의학의 길로 이끌어 준 로제타 선생님, 유관순과 함께 투옥되었던 여옥사 8호실의 독립운동가들, 권기옥에게 민족의식을 심어 준 김경희 선생님과 박현숙 선생님도 여러분이 꼭 기억해 주길 바라요.

2023년 1월

이진미

차례

초대하는 글 4

김만덕
제주에서 가장 큰 장사꾼이 되다 10

김점동
우리나라 여성 최초로 의학의 길을 걷다 44

유관순
독립을 향한 불꽃을 품고 만세를 부르다 80

나혜석
편견의 벽을 넘어 자유를 꿈꾸다 114

권기옥
나라를 되찾기 위해 하늘을 날다 146

김만덕

제주에서 가장 큰 장사꾼이 되다

새장을 열고 나오다

여인은 오늘도 동헌 앞뜰에 꿇어앉은 채 이마가 땅에 닿을 듯 엎드려 있었다. 벌써 십수 일째였다. 동이 채 트기도 전부터 찾아와 청을 들어 달라며 꿇어 엎드려 있다가 어둠이 내려서야 자리를 떴다. 관졸들이 윽박지르며 끌어내도 소용없었다. 악착같이 돌아와서는 다시 자리를 지켰다. 몇 식경이 흐르도록 자세가 흐트러지기는커녕 한결같이 꼿꼿한 여인의 모습은 보는 이들을 탄복시키고도 남을 정도였다. 이방이 나서서 숫제 달래듯 말했다.

"그렇게 고집을 부린다고 해서 될 일이 아니라니까."

하지만 여인은 망부석이 된 것처럼 꿈쩍도 하지 않았다. 제주 목사 신광익은 미간을 찡그렸다. 고을을 맡아 다스리는 수령으로 있으면서 수많은 백성을 만나 보고 온갖 송사를 처리해 보았지만, 이처럼 끈질긴 황소고집은 처음이었다. 여인은 올해 스무 살이 된 관기 김만덕이었다. 관기는 관아에 속해 가무나 기악을 하는 기생이다. 만덕은 어릴 때 부모를 잃고 나이 든 기녀의 손에 자랐다. 그래서 자연히 기적(기생 명부)에 이름이 오르게 된 것이었다.

"소인은 본래 양민의 딸로 기생이 아닙니다. 그러니 기적에서 제 이름을 지워 주시고, 양민의 신분으로 돌아가게 해 달라고 청하는 것뿐입니다."

신광익이 인상을 찌푸리며 만덕에게 물었다.

"관기로 지내면 배불리 먹고 좋은 옷을 입으며 편안하게 살 수 있는데, 굳이 양민으로 돌아가겠다는 이유가 대체 무엇이냐?"

만덕은 천천히 몸을 일으켰다. 그러고는 높은 동헌 마루에 올라앉은 수령을 바라보았다. 총기를 머금은 만덕의 눈동자에는 날카로운 빛이 반짝였다.

"관기란 새장에 갇힌 새와 같습니다. 날개 한번 펼쳐 보지 못하고, 평생 주인이 주는 모이만 받아먹다가 죽는 것이지요. 아무리 좋은 옷을 입고 귀한 음식을 먹는다 해도 그렇게 살고 싶지는 않습니다."

만덕의 당당한 말에 신광익은 혀를 찼다.

"허허, 만덕은 비록 치마 두른 계집이기는 하나 품이 남다르구

나. 대장부로 태어났다면 필시 큰일을 했을 것이다."

그리고 마침내 이방을 불러 명했다.

"여봐라, 김만덕의 이름을 기적에서 지워 주거라."

만덕은 울컥 솟구치는 눈물을 남몰래 훔쳤다. 그동안 꿈꾸어 오던 일을 드디어 시작할 수 있게 된 것이다. 만덕은 관기로 지내면서도 다른 기생들처럼 몸치장하는 데 허투루 돈을 쓰지 않았고, 지독하다는 소리를 들을 정도로 근검절약하며 돈을 모아 왔다. 꼭 하고 싶은 일이 있었기 때문이었다.

만덕이 저린 다리를 절뚝이며 관아를 나오는 것을 보고, 함께 지내던 기생 애화가 반색하며 다가왔다.

"언니, 드디어 소원 이룬 거요? 축하해요. 참말로 대단하시오."

만덕은 그제야 환하게 웃었다.

"대단하긴, 뭘."

"이제 뭘 하시려오?"

만덕의 눈길이 멀리 보이는 바닷가를 향했다.

"장사를 해 보고 싶어."

애화가 눈을 동그랗게 뜨고 물었다.

"기방에 비녀나 분을 팔러 다니는 방물장수 말이오?"

만덕이 고개를 저었다.

"아니, 나는 배를 띄워 뭍이랑 교역을 하는 큰 장사꾼이 될 거야."

애화가 입을 비쭉 내밀었다.

"언니도 참, 여자가 그런 일을 어떻게 해요. 누가 시켜 주기나 한대요?"

만덕은 정색하며 말했다.

"여자라고 못할 게 뭐야? 우리 제주 여자들은 말이야, 설문대 할망(제주도를 만들었다고 전해지는 여신) 때부터 이 척박한 땅에서 밭매고 바다에 나가 물질하면서 자기 힘으로 살아왔어. 나도 내 힘으로 해낼 거야. 두고 봐라, 애화야. 여자도 배를 부리는 큰 장사꾼이 될 수 있다는 걸 보여 줄 테니."

애화는 웃으며 만덕을 응원했다.

"하긴, 우리 만덕 언니 배포면 못할 것도 없지요. 돈 많이 벌면 나 모른 척하면 안 돼요."

"하하. 그래, 알겠다."

쉽지 않은 장사꾼의 길

만덕은 포구에 나가 날마다 주변을 살폈다. 포구는 조정에 바칠 특산물을 싣고 한양으로 떠나는 배가 정박하는 곳이었다.

"오늘 또 새로운 배가 보이네. 드나드는 배가 하루가 다르게 늘고 있구나. 갑자기 공물이 늘어났을 리는 없고. 뭍을 오가는 장사꾼들이 많아진 게 틀림없어."

만덕은 읍성과 가까운 포구에서 다른 상인의 물건을 대신 팔아 주거나 중간에서 거래를 이어 주는 객주 노릇을 시작했다. 제주는 섬이라 부족한 물자가 많았다. 특히 소금과 옷감을 짤 때 쓰는 면화가 귀했는데, 이 둘은 생활에 꼭 필요한 것이지만 섬에서는 구하기가 몹시 어려웠기 때문이었다. 만덕은 뭍에서 온 배에서 소금과 면화를 사 두었다가 오일장이 열릴 때 읍성 안 행상에게 되팔면 이문을 많이 남길 수 있으리라고 생각했다.

뱃고동 소리가 울려 퍼졌다. 저 멀리에서 뱃머리가 보이기 시작하자 포구는 모여든 사람들로 어느새 시끌벅적해졌다. 만덕은 서툴게 지게를 진 채 사람들을 헤치고 바닷가로 나섰다. 마침내 첫 배에서 닻이 내려졌다. 일꾼들이 커다란 가마니를 하나씩 짊어지고 줄지어 내렸다. 만덕은 일꾼을 붙잡고 대뜸 물었다.

"이보시오. 그거 소금이오?"

하지만 그는 성가시다는 얼굴로 만덕을 거들떠보지도 않고 가 버렸다. 만덕은 포기하지 않고 일꾼들을 하나씩 붙들고 늘어졌다.

"이 소금 어디에 파실 거요? 값을 잘 쳐줄 테니 나한테 파시오."

"아, 저리 비켜!"

"그러지 말고 흥정이라도 한번 해 보자고요."

"거참, 이미 거래가 끝났다니까."

뒤이어 다른 배가 하역을 시작했다. 규모가 상당히 큰 배였다. 만덕은 부리나케 달려가 일꾼들을 지휘하고 있는 남자에게 큰 소리로 외쳤다.

"면화를 들여왔소? 나하고도 거래를 터 봅시다!"

남자는 만덕을 힐끔 보더니 퉁명스럽게 내뱉었다.

"우린 이미 거래하고 있는 곳이 있으니 딴 데 가서 알아보시오."

"어디랑 어떻게 거래하는지 몰라도 내가 그보다 더 좋은 조건으로 맞춰 주겠소!"

만덕이 자신만만하게 말했다. 그러자 남자는 기가 찬 얼굴로 되물었다.

"보아하니 이제 막 시작한 객주 같은데, 우리처럼 큰 장삿배를 어찌 상대하겠다는 거요? 그럴 자본은 있소?"

"그, 그야……."

만덕이 더듬거리자 남자는 딱하다는 듯 말했다.

"장사는 신용으로 하는 건데, 덮어놓고 거래를 트자고 우기기만 하면 되겠소?"

만덕은 그만 할 말을 잃고 말았다. 남자의 말이 옳았다. 장사는 용기나 의지만으로 되는 것이 아니었다. 계속해서 물건을 실은 배들이 밀려왔다. 하지만 만덕은 지게 옆에 쭈그리고 앉은 채 깊은 생각에 잠겼다.

한참 만에 정신을 차리고 보니 어느새 그 많던 사람들이 썰물처럼 빠져나가고 바닷가는 한적해져 있었다. 만덕도 그만 발길을 돌리려는데, 어디선가 악을 쓰듯 내지르는 소리가 희미하게 들려왔다. 그냥 무시하고 가려니 못내 찜찜한 기분이 들었다.

만덕은 주위를 살피며 소리를 따라 바닷가로 내려갔다. 저만치 떨어진 바닷물 한가운데에 흰 머릿수건을 쓴 아낙이 우두커니 서 있는 것이 보였다. 바로 앞에서는 거센 파도가 금방이라도 여인을 집어삼킬 듯 달려들고 있었다. 아낙은 포대기에 업힌 어린애가 자지러지게 울어 젖히는 것도 아랑곳하지 않고 파도를 향해 한 걸음씩 다가갔다. 만덕은 정신없이 달려가 차디찬 바닷물 속으로 뛰어들었다. 그러고는 다짜고짜 물 밖으로 아낙을 끌고 나왔다.

"이게 뭐 하는 짓이오! 아이까지 데리고."

물에 쫄딱 젖은 아낙은 생각보다 훨씬 앳되어 보였다. 만덕은 혀를 끌끌 차며 아이부터 받아 안았다. 그러고는 그저 울기만 하는 아낙을 집으로 데려갔다.

만덕이 급히 쑤어 준 죽으로 배를 채운 아이는 평온한 얼굴로 새근새근 잠들었다. 아낙은 넋 나간 얼굴을 한 채, 배를 타고 나간 남편이 돌아오지 않는다고 말했다.

"날마다 바닷가에 나와서 남편을 기다렸어요. 다들 포기하라고 해도 저는 꼭 돌아올 것만 같았거든요. 오늘이 우리 환이 생일인데 오늘까지 안 오면 진짜 잘못된 게 틀림없다고 생각해서……."

"그래서 아이랑 같이 남편 뒤를 따라가려고 했소?"

아낙은 말없이 눈물만 뚝뚝 흘렸다.

"길을 막고 물어보시오. 남정네 바다에 묻은 집이 어디 한둘인가. 제주 여자들은 지금껏 남자한테 기대지 않고 살아왔어요. 아이 이름이 환이라 했소? 환이 어멈도 할 수 있어요."

만덕은 정성스럽게 차린 밥상을 내오며 말했다.

"식기 전에 얼른 한술 뜨시오. 속이 든든해야 뭐든 해 볼 힘이 날 것 아니오. 그리고 갈 곳이 없으면 여기서 함께 지냅시다. 나도 가진 것은 별로 없지만 둘이 힘을 모으면 혼자보다야 낫지 않겠소."

"정말 고, 고맙습니다."

환이 어멈은 흐느끼며 만덕에게 절을 올렸다.

장사는 나이가 아니라 신용으로 하는 것이오

며칠이 흘렀지만, 만덕은 뾰족한 수가 떠오르지 않아 내내 골머리를 앓고 있었다. 햇살이 따사로운 오후, 대청마루에서 환이가 아장아장 걸음마를 하고 환이 어멈은 옆에 앉아 기저귀를 개고 있었다. 만덕은 머리도 식힐 겸 무심코 물었다.

"환이네는 원래 제주 사람이 아니라 했죠? 친정은 어디요?"

"전라도 강진이에요. 제주에 시집와 보니 어찌나 신기한 게 많던지요."

"뭐가 그리 신기했소?"

"말이요. 가축이라고는 소나 돼지밖에 몰랐는데, 여기 와서 말을 처음 봤거든요. 그리고 귤나무도 엄청 신기했고요. 귤이 주렁주렁 열리면 향이 어찌나 좋던지."

환이 어멈은 생각만 해도 입에 침이 고이는지 입맛을 다셨다.

그 모습에 갑자기 만덕은 무릎을 내리쳤다.

'그래, 장사의 기본은 우리한테 없는 것을 사 오고 나한테만 있는 것을 내다 파는 것이다. 감귤과 갓을 지을 때 쓰는 말총은 제주 땅에서는 흔하지만, 뭍에서는 구하기 힘든 것이지.'

만덕은 자리에서 벌떡 일어나며 소리쳤다.

"고맙소, 환이 어멈!"

만덕은 그길로 읍성 안에 있는 동문시장을 찾아가서 감귤과 말총의 가격을 알아보았다. 그리고 감귤 농사짓는 집이며 말 기르는 집을 두루 찾아다니며 가격을 흥정했다. 동문시장 행상들에게 파는 것보다 값을 더 높이 쳐주니 제법 많은 물량을 확보할 수 있었다. 그래도 시장에서 파는 가격보다는 훨씬 싸게 샀으니 만덕도 손해는 아니었다.

다시 배가 들어오는 날, 만덕은 일꾼을 구해 감귤과 말총을 모두 포구로 실어 날랐다. 환이 어멈도 힘을 보태 주었다. 마침내 배들이 하나씩 정박하기 시작했다. 만덕은 선뜻 나서지 않고 배에서 내리는 일꾼들을 유심히 지켜보고만 있었다. 환이 어멈이 의아해하며 물었다.

"장사… 안 하세요?"

만덕은 가만히 살피다가 한 배를 골라 다가갔다. 그 배에서 내리는 일꾼들은 유난히 뱃멀미를 심하게 했다. 만덕이 다가가 감귤을 까서 내밀었다.

"드시오. 새콤한 것이 멀미를 싹 가시게 해 줄 테니."

일꾼들은 머뭇거리다가 못이기는 척 귤을 받아먹었다.

"제주엔 초행길이오?"

"그걸 어찌 아셨소?"

"오래된 이들은 긴 바닷길에도 익숙해져서 뱃멀미를 심하게 하지 않

으니까요."

"그렇군요. 암튼 고맙소."

"무얼 싣고 오셨소?"

"소금과 면화, 그리고 곡식도 조금 있소."

"아직 거래할 곳이 정해지지 않았다면, 나랑 거래해 보면 어떻겠소? 소금과 면화를 내게 팔면 감귤과 말총을 싸게 넘겨드리리다."

일꾼들은 저희끼리 수군거리더니 나이가 지긋한 남자를 데리고 왔다. 남자가 탐탁지 않은 눈길로 만덕을 위아래로 훑어보더니 물었다.

"나이도 어린 처자가 혼자 장사를 하는 거요?"

만덕은 조금도 주눅 드는 기색 없이 맞받아쳤다.

"소금 값을 나이로 치를 것도 아닌데 나이 어린 게 무슨 상관이겠습니까. 장사는 신용으로 하는 것이지요."

"허허, 그 말이 옳구려."

남자가 호탕하게 웃으며 말했다.

"좋소, 거래를 터 봅시다. 우리도 제주의 특산물을 전라도에 가져가서 되팔 생각이었는데 마침 잘 되었소."

마침내 첫 거래를 이루어 낸 것이었다. 뛸 듯이 기쁜 마음도 잠시, 만덕은 혼자 속으로 되뇌었다.

'이제 시작일 뿐이야. 나는 제주에서 가장 큰 장사꾼이 될 테다.'

그때부터 만덕은 감귤, 미역, 전복, 말총과 양태(갓을 만드는 재료) 등 제주에서 나는 물건을 육지 상인에게 팔고, 육지에서는 화장품이나 장신구, 옷감 등을 들여왔다. 다른 상인들이 가격만 따져 보고 거래할 때, 만덕은 품질이 좋은 상품을 고르는 일에 공을 들였다. 워낙 눈썰미도 있는 데다가 부지런히 발품을 팔며 직접 비교해 본 후에야 상품을 선택하니 만덕이 거래하는 물건의 질이 월등히 좋을 수밖에 없었다. 입소문을 타자 만덕과 거래하고 싶어 하는 육지 상인들이 점차 늘어났다.

배포가 큰 만덕은 협상할 때 작은 이익에 연연하지 않고, 상대에게 통 크게 양보할 줄도 알았다. 만덕의 사업은 하루가 다르게 번창했다.

곳간을 열어 이웃을 구하리라

만덕이 장사의 길로 접어든 지 삼십여 년이 흘렀다. 결혼도 하지 않고 오직 일에만 몰두하며 지내 온 날들이었다. 칠흑 같던 머리가 어느덧 희끗희끗해진 만덕은 꿈꾸던 대로 '제주에서 가장 큰 장사꾼'으로 불리게 되었다.

1792년(정조 16년)부터 내리 3년 동안 제주에는 큰 흉년이 닥쳤다. 게다가 여름부터 가을까지 계속된 태풍으로 하룻밤에 온 마을 전체가 모래에 뒤덮이는 일까지 있었다.

"가뜩이나 척박한 땅이라 농사짓기도 힘든데 흉년에 태풍까지 겹치다니 하늘도 무심하시지."

무수히 많은 백성이 굶주림에 지쳐 쓰러져 갔다. 거리에는 통곡해 줄 가족도, 장사를 치러 줄 가족도 없는 이들의 시체가 즐비했다. 살아남은 이들도 비렁뱅이가 되어 먹을 것을 찾아 헤맸다. 차마 눈 뜨고 볼 수 없는 참혹한 광경이었다. 제주 목사 심낙수는 다급히 한양으로 장계(지방의 관리가 임금에게 보고하거나 청하는 문서)를 올렸다.

동풍이 강하게 불어 기와가 날아가고, 돌이 굴러가 나부끼는 것이 마치 나뭇잎이 날리는 것 같습니다. 곡식이 짓밟혀 피해를 입은 것 외에도 바다의 짠물이 날아와 마치 소금에 김치를 절인 것 같습니다. 쌀 2만여 섬을 배에 실어 보내지 않는다면 백성들은 머지않아 다 죽을 것입니다.

몇몇 대신들은 반대하고 나섰다.
"전하, 가뭄과 강풍으로 온 나라에 굶주리는 백성들이 넘치는데 어디에서 곡식을 헐어 제주로 보낸단 말이옵니까."
"게다가 곡식을 배에 실어 보내려면 육지의 백성들이 곡식을 어깨에 메고 등에 져서 날라야 하는데, 그 수고로움을 어찌 감당하려 하십니까."
하지만 정조는 섬에 있는 백성들의 처지를 각별히 염려했다.
"뭍의 백성들은 굶주리면 다른 곳으로 옮겨 갈 수 있지만 섬에서는 그럴 수도 없는 노릇이다. 제주로 진휼곡을 실은 배 12척을 보내도록 하라."

그러나 반가운 소식에 기뻐할 틈도 없이, 청천벽력 같은 소식이 날아들었다.

"사또, 제주로 오는 바닷길에서 풍랑을 만나 진휼곡을 실은 배 다섯 척이 난파되었다고 합니다."

심낙수는 낙담하여 그만 자리에 털썩 주저앉고 말았다.

"하늘이 무너지는 것 같구나. 목민관의 자리에 앉아 백성들이 굶어 죽어 가는 모습을 하릴없이 바라보고만 있어야 하는가."

안타까움과 죄책감으로 그의 속은 새까맣게 타들어 가는 듯했다.

그때였다. 심낙수의 눈앞에 보고도 믿기 힘든 광경이 펼쳐졌다. 곡식을 가마니째 짊어진 장정들이 줄지어 관아로 들어오고 있는 것이 아닌가.

그들이 차곡차곡 쌓아 놓은 곡식 가마니가 순식간에 창고를 그득그득 채웠다.

"이게 대체 무슨 일이냐. 내가 혹시 꿈을 꾸고 있는 것이 아닌가."

심낙수의 눈앞에 홀연히 장옷을 쓴 여인이 나타났다.

"아니, 자네는?"

제주에서 가장 유명한 거상(큰 상인) 김만덕을 심낙수가 모를 리 없었다. 하지만 어리둥절하기는 매한가지였다. 만덕은 허리를 깊이 숙여 절을 하며 간청했다.

"전 재산을 털어 육지에서 곡식을 사 오느라 시간이 지체되었습니다. 더 늦기 전에 굶주리는 제주 백성을 살리는 데 보태 주십시오. 고아나 과부, 자식 없는 노인들처럼 의탁할 곳 없는 사람들을 먼저 구휼하되 꼭 필요한 이들에게 도움의 손길이 미치도록 부디 잘 살펴 주시기 바라옵니다."

"벼슬아치도 양반도 아닌 한낱 상인이 제 곳간을 열어 백성을 구휼하다니, 만덕 자네는 정말 의인일세."

심낙수는 크게 감격한 나머지 하마터면 김만덕의 손을 덥석 잡을 뻔했다. 그날부터 당장 곡식을 나눠 주기 시작하니, 굶어 죽을 처지에 놓여 있던 제주 백성들에게는 만덕이 생명의 은인이나 다름없었다.

"만덕 할망이 우리를 살렸다!"

"만덕 할망이 우리를 구했다!"

사람들은 앞다투어 만덕을 칭송했다. 하지만 환이 어멈은 애가 탔다.

"평생 좋은 옷 한 벌 안 지어 입으시면서 아끼고 아껴서 얼마나

힘들게 모은 재산인데, 그걸 덜컥 내놓으시면 어떻게 해요? 자식도 없으면서 노후는 어쩌시려고요?"

"자네 말대로 나는 지금껏 근검절약하며 살아왔으니 앞으로도 그리 살면 되지 않겠나."

태평한 대답에 환이 어멈은 한숨을 내쉬었으나 만덕은 그저 허허 웃을 뿐이었다.

나의 소원은 금강산 유람이오

만덕이 전 재산을 내어 제주의 백성을 구휼했다는 소식은 한양까지 전해졌다. 정조는 크게 탄복하며 대신들에게 당부했다.

"매우 가상한 일이도다. 제주 목사에게 일러 그 여인이 바라는 것이 있다면 무엇이든 들어주도록 하라."

제주 사람들은 덩달아 기쁨에 들떴다. 빨래터며 동네 사랑방마다 만덕 할망이 과연 어떤 소원을 빌지 이야기꽃이 활짝 피었다.

"고래등 같은 기와집에, 큰 배를 서너 척은 달라고 해야지."

"나라면 금덩이로 집 안을 가득 채워 달라고 하겠네."

"에이, 아니지. 만덕 할망은 평생 천한 신분 때문에 힘들게 살았는데, 이참에 양반이 되게 해 달라고 하지 않을까?"

환이 어멈도 신이 나서 호들갑을 떨었다.

"우리 언니는 이제 팔자가 확 피었네. 대체 무슨 소원을 이야기하시려나?"

제주 목사 앞에 불려 간 만덕은 담담한 얼굴로 말했다.

"저는 부귀영화도 필요 없고 양반 노릇을 하고 싶은 마음도 없습니다. 다만 죽기 전에 한양에 가서 임금님을 뵙고 금강산 유람을 해 보고 싶습니다."

"뭐라?"

사또는 놀라서 말을 잇지 못했다. 만덕의 소원이 너무나 뜻밖인 데다가 엄청난 것이었기 때문이었다. 그도 그럴 것이 당시에는 제주 사람들이 섬 밖으로 나가는 것을 금지하는 법이 있었다. 제주는 농사지으며 살기 힘든 땅이라 많은 제주 사람들이 섬을 떠나 육지로 가려고 했기 때문에 아예 법으로 막아 버린 것이었다. 특히 제주 여자들은 배를 타고 뭍을 오가는 것조차 할 수 없었다.

만덕의 소원을 전해 들은 정조는 너털웃음을 터뜨렸다.

"역시 범상치 않은 여인이로구나. 평민은 궁궐에 출입할 수 없으니, 김만덕에게 내의원 행수 벼슬을 내리거라. 그리고 역마와 노자를 내어 주어 금강산 유람에 불편함이 없도록 하라."

만덕은 제주 여성으로는 최초로 대궐에 들어가 임금과 왕비를 직접 알현하고 금강산 유람을 다녀오는 영광을 누렸다.

　김만덕은 여성이자 기생이라는 천한 신분으로, 섬 밖으로는 한 발자국도 나갈 수 없는 처지였으나 자신을 둘러싼 모든 금기를 깨고 진정한 자유인으로 살아갔다.

　김만덕이 세상을 뜬 지 수십 년이 흐른 뒤, 제주로 유배를 온 추사 김정희는 김만덕의 뜻을 기려 '은광연세(恩光衍世)'라는 글씨를 써 주었다. '은혜의 빛이 온 세상에 넘치다.'라는 뜻이다.

요즘 제주는 물론 전국 팔도에서 가장 화제가 되는 인물을 꼽자면 단연 이 사람일 것이다. 최근 금강산 유람을 마치고 제주로 돌아온 김만덕 씨가 그 주인공이다. 수많은 제주 주민들의 환영 인사가 쏟아지는 가운데, 기자는 간신히 김만덕 씨를 만나 인터뷰를 요청할 수 있었다.

정말 반갑습니다. 여행 좀 한다는 풍류객이라면 누구나 꿈꾸는 금강산 유람을 직접 다녀오셨는데 어떠셨나요?
과연 듣던 대로 절경이더군요. 일만 이천 봉우리가 저마다 뽐내는 풍광이 어찌나 기이하고 굉장하던지 놀라움의 연속이었지요. 한양에서 저를 도와주셨던 채제공께서 어느 남자라도 그런 복을 누릴 수 있겠느냐고 하셨는데, 그 말씀처럼 저는 복이 참 많은 사람인 것 같습니다.

듣자 하니 김만덕 씨의 이름이 한양에 가득하여 높은 벼슬아치와 선비들까지 계층을 가리지 않고 모두 김만덕 씨의 얼굴을 한번 보고 싶어 했다는데요?
네. 제가 금강산 유람을 마치고 고향으로 돌아갈 때 박제가, 정약용

등 내로라하는 문장가들께서 저를 위해 환송시를 지어 주셨습니다. 정승이신 채제공께서는 저의 일대기를 글로 써서 선물해 주셨지요. 제가 이런 영광을 누리리라고는 상상도 하지 못했는데, 오래 살고 볼 일입니다. 허허.

그만큼 훌륭한 일을 하신 분이니까요. 제주에 흉년이 들었을 때, 전 재산을 내어 굶주린 백성을 구휼하셨지요. 어떻게 그런 결심을 하게 되셨는지 궁금합니다.

저는 거상이 되겠다는 일념으로 평생을 아등바등 살아왔지요. 여자인데다 기생 출신이라 보통 힘든 일이 아니었답니다. 그동안 겪은 어려움을 늘어놓자면 며칠 밤을 꼴딱 새워도 모자랄 지경이지요. 그러다 보니 어느덧 내 나이가 지천명(知天命)이라는 오십 줄에 들어서 있더군요. 하늘의 뜻을 알게 되는 나이지요. 이제는 내 뜻이 아니라 하늘의 뜻대로 살아야겠다는 생각이 절로 들었답니다. 이웃들이 곁에서 굶주려 죽어 가는데 나 혼자 재산을 움켜쥐고 늙어 가면 무엇하겠어요. 생명을 구하는 일에 조금이라도 보태는 것이 하늘의 뜻 아니겠습니까.

그러시군요. 다시 들어도 감동적입니다. 임금님께서 무슨 소원이든 들어주겠다고 하셨을 때, 김만덕 씨의 대답에 모두 깜짝 놀랐는데요. 왜 그런 소원을 말씀하신 건가요?

지난 삶을 돌이켜 보면 저는 늘 저를 얽매고 있는 한계를 뛰어넘기 위해 노력해 왔다는 생각이 듭니다. 저는 기적에 오른 관기였지만 신분의 굴레에서 벗어나고 싶었어요. 남들처럼 쉽게 부잣집 양반의 첩이 되는 방법도 있었겠지요. 하지만 저는 다른 이에게 기대지 않고 스스로 운명을 개척하고 싶었습니다. 혼인도 하지 않은 여자가 제힘으로 혼자 제주에서 가장 큰 장사꾼이 되기까지 얼마나 많은 편견과 싸워 왔는지 모릅니다. '여자라서 할 수 없다'고 말하던 사람들의 편견을 보란 듯이 깨 주고 싶었지요. 제 소원도 마찬가지입니다. 출륙 금지령 때문에 제주 사람들은 평생 한 번도 섬을 떠날 수 없잖아요. 그 엄청난 금기를 시원하게 깨 버리고 한양에 가서 임금님도 뵙고, 내친김에 아무나 갈 수 없다는 금강산 유람까지 해 보고 싶었지요.

정말 멋지십니다. 엉뚱한 질문을 하나 해도 될까요? 역사적으로 중국의 태평성대를 이끈 순임금과 천하장사 항우는 눈동자가 두 개인 겹눈이었다고 전해지지요. 김만덕 씨도 겹눈이라는 소문이 자자하던데, 그냥 뵈어서는 잘 모르겠습니다. 혹시 그게 사실입니까?

제가 겹눈이라는 소문이 어찌나 파다했는지 다산 정약용 선생님께서 직접 저를 불러 확인까지 하셨을 정도였지요. 사물이 둘로 보이느냐고 물으시기에 그건 아니라고 대답했더니, 그렇다면 겹눈이 아니라고 결론 지으셨답니다. 뭇사람들이 저를 비범한 의인으로 여기다 보니 그런 헛소문까지 난 모양입니다. 하지만 저도 보통 사람일 뿐이고, 제가 한 나눔도 누구나 마음을 내면 할 수 있는 일이라고 생각합니다.

정말 겸손하시군요. 금강산 유람이라는 큰 소원을 이루셨는데 혹시 또 다른 소원은 없으신가요?

저는 이제 더 이상 바랄 게 없습니다. 앞으로 제 삶이 얼마나 남았을지 모르지만, 마지막까지 제주에서 조용하고 평화롭게 살다 가고 싶을 뿐입니다. 아, 제가 죽거든 제주성이 한눈에 보이는 언덕 위에 묻어 주면 좋겠군요. 죽어서도 제주의 땅과 제주 사람들을 볼 수 있다면 참 행복할 것 같아요.

척박한 땅 제주와 그곳의 이웃들을 제 몸처럼 아끼고 사랑했던 김만덕 씨는 일흔넷의 나이로 눈을 감은 뒤, 마지막 소원대로 성안이 한눈에 내려다보이는 '고으니모르'라는 언덕에 묻혔다. 제주 사람들은 존경과 사랑을 담아 김만덕을 "만덕 할망"이라 부르며 추모했다.

— ○○○ 기자

김만덕(1739~1812)의 묘비
자신의 전 재산으로 제주 백성들을 구휼했던 김만덕의 공을 기리기 위해 1812년(순조 12년) 11월 21일에 마을 사람들이 묘비를 세웠다.

김점동

우리나라 여성 최초로 의학의 길을 걷다

이화 학당의 네 번째 입학생

 1886년 조선의 겨울은 몹시 추웠다. 선교사 메리 스크랜튼 부인은 뜨거운 홍차가 담긴 컵을 두 손으로 감싸 쥐고 한기에 몸을 떨었다. 입에서 하얀 김이 나왔다. 부인은 눈 내린 창밖 풍경을 바라보며 생각에 잠겼다.

 조선에 첫발을 딛던 순간이 어제 일처럼 생생했다. 하느님의 사랑을 널리 알리겠다는 꿈을 품고 험난한 뱃길도 마다하지 않고 여기까지 왔지만, 배에서 내린 순간 낯설기만 한 풍경과 사람들의 모습이 신기하면서 두렵기도 했다. 시간이 흐르며 부인은 차츰 순박한 조선 사람들에게 정이 들었지만, 근대 의학 지식이 부족한 조선의 현실은 너무나 안타까웠다.

 조선 사람들은 쉽게 나을 수 있는 병도 크게 키우다가 간혹 목숨을 잃기도 했다. 발작이 있는 아이를 치료하겠다고 기름에 볶은

빈대를 먹인다든지, 염증을 치료한다고 민물 게나 가재로 즙을 내어 먹다가 오히려 감염이 심각한 지경에 이르는 식이었다. 그래서 선교사들은 조선에 병원과 학교를 세우는 일이 무엇보다 시급하다고 생각했다.

스크랜튼 부인은 서대문 성벽 안쪽 언덕에 넓은 땅을 사들여 여성 교육을 담당할 학교를 짓고, 왕실로부터 '이화 학당'이라는 이름까지 하사받았다. 하지만 문제는 몇 달이 지나도록 입학하겠다는 학생이 거의 없다는 것이었다.

'서양 사람이 아이들을 잡아먹는다니, 대체 어쩌다가 그런 고약한 소문이 났담? 아무리 생긴 모습이 다르다고 해도 우리가 그렇게 무서웠을까?'

스크랜튼 부인은 씁쓸한 미소를 지으며 난로에 불쏘시개를 더 넣었다. 이화 학당의 네 번째 입학생이 곧 도착할 시간이었다.

첫 입학생은 김씨 성을 가진 부인이었다. 남편은 아내가 영어를 배워 왕실에 통역사로 취직하기를 바랐지만, 정작 부인은 공부에 뜻이 없어 얼마 되지 않아 학교를 그만두고 말았다.

두 번째 입학생은 열 살 소녀 꽃님이었다. 꽃님이 어머니는 도저히 먹고살 길이 없다며 딸을 맡기고 갔다가는 며칠 만에 다시 찾아왔다.

"차라리 굶어 죽을지언정 서양 사람에게 딸을 맡길 수는 없어요. 꽃님이를 데려가겠어요."

온갖 말로 설득해 보았지만 소용없었다. 결국 스크랜튼 부인이 절대 아이를 해치지 않겠다는 서약서를 써 주고서야 꽃님이는 간신히 학교에 남을 수 있었다.

세 번째 학생은 전염병 환자인 엄마를 따라온 네 살짜리 꼬마였다. 엄마가 입원하면서 갈 곳이 없어져 학교에 남았지만, 교육보다는 돌봄이 필요한 어린아이였다.

"과연 네 번째는 어떤 학생이 오려나?"

스크랜튼 부인은 옅은 한숨을 내쉬며 난로 옆 의자에 걸터앉았다. 그때 문 두드리는 소리가 들렸다.

"들어오세요."

아버지의 손에 이끌려 한 소녀가 주뼛거리며 들어왔다. 아버지는 의심스러운 눈초리로 부인에게 물었다.

"이곳에서는 공짜로 아이들을 먹여 주고 신식 공부도 가르쳐 준다던데, 그게 정말입니까?"

"네, 그렇습니다."

"혹시 아이들을 가르쳐서 멀리 데려가려는 건 아니겠죠?"

"저희는 조선의 소녀들을 서양 사람으로 만들려는 것이 아닙니다. 교육을 통해 이 아이들이 조선 사람으로서의 긍지를 갖기를 바랍니다."

눈치를 보며 방 안을 살피던 소녀의 눈이 부인의 커다란 눈과 마주쳤다. 소녀는 흠칫 놀라 고개를 숙였다. 소녀는 낡은 옷일망정 깔끔하고 몸가짐이 단정했고, 앳된 얼굴이었지만 눈에는 총기가 어려 있었다. 부인은 자애로운 미소를 띠며 소녀에게 물었다.

"이름이 뭐지?"

"…기, 김점동이라고 합니다."

"나이는?"

"열 살입니다."

점동은 잔뜩 긴장했지만 애써 또랑또랑한 목소리로 대답했다. 부인은 그런 점동이 마음에 들었다. 다정하게 난로 쪽을 손짓하며 말했다.

"날이 춥구나. 이리 가까이 다가오렴."

점동은 태어나 처음 본 난로에서 시뻘건 불길이 이글거리는 모습에 더럭 겁이 났다. 도깨비처럼 커다란 눈을 가진 부인이 자신을

활활 타는 불 속에 왈칵 던져 넣을 것만 같았다. 어린 점동은 무서워서 울상이 된 채 이화 학당의 네 번째 입학생이 되었다.

스승 로제타 선생님을 만나다

어느덧 4년이 흘렀다. 스크랜튼 부인을 비롯한 선교사들의 헌신적인 노력으로 이화 학당은 점점 자리를 잡아 갔고, 학생 수도 부쩍 늘었다. 점동은 늦은 오후, 석양이 비치는 교실에서 풍금을 연주하고 있었다. 혼자서만 즐기는 고요하고 평화로운 시간이 참으로 좋았다. 그런데 밖에서 쿵쾅거리는 소리가 나더니 문이 벌컥 열렸다.

"점동아!"

발소리를 듣고 짐작한 대로 친구 봉업이었다. 봉업이는 이화 학당에서 둘째가라면 서러울 말괄량이였다.

"보구여관(이화 학당 안에 있던 여성 병원)에 새로운 여자 의사 선생님이 오셨대!"

살짝 찌푸렸던 점동의 얼굴이 그 말에 환하게 펴졌다.

"잘됐다. 여자 환자들이 아무리 의사라도 외간 남자한테 몸을 보여 줄 수 없다고, 여자 의사 선생님이 오시기만을 손꼽아 기다리고 있었잖아."

"빨리 가자. 선생님께서 널 보구여관으로 데리고 오라셔."

점동은 놀라 눈을 동그랗게 떴다.

"나를 왜?"

"새로 오신 의사 선생님이 조선말을 한마디도 못 하신다니, 통역을 맡기시려는 게 아닐까? 네가 우리 중에서 영어를 가장 잘하잖아."

점동은 두근거리는 가슴을 안고 보구여관으로 향했다. 동그란 안경을 쓰고 단정하게 머리를 틀어 올린 젊은 부인이 점동을 보고 싱긋 웃어 주었다. 미국에서 온 의사 로제타 선생님이었다.

봉업의 예상대로 점동은 로제타 선생님의 통역을 맡게 되었다. 하지만 일손이 부족한 보구여관에서 점동이 해야 할 일은 통역만이 아니었다. 로제타 선생님은 점동에게 그램과 온스 단위로 약재 무게를 재는 법 등을 가르쳤다. 점동은 로제타 선생님이 진료하거나 수술할 때 옆에서 착실히 보조했고, 왕진을 나갈 때도 따라다녔다.

어느 날, 로제타 선생님이 예쁘장한 소녀 환자와 한창 옥신각신하다가 점동을 보고 반색하며 영어로 말했다.

"점동, 이 환자에게 설명 좀 해봐. 피부 이식 수술을 해야 하는데, 무작정 싫다고 하니 어쩌면 좋아?"

소녀는 점동도 잘 알고 있는 환자였다. 처음 병원에 왔을 때 소녀의 오른손은 오래전에 화상을 입은 채로 방치된 탓에 엄지와 검지를 제외한 세 손가락이 손바닥과 완전히 붙어 있었다. 로제타 선생님이 손가락들을 절개하고 분리하는 수술을 할 때 점동이 옆에서 보조를 맡았다. 피가 튀고 뼈가 드러나는 것을 보며 겉으로 티는 내지 못했지만, 점동은 속으로 진저리를 치며 다짐했었다.

'으, 정말 끔찍해. 난 절대 이런 일은 못 할 거야.'

점동은 소녀가 감싸 쥔 오른손을 조심스럽게 살펴보았다. 손바닥에 붙어 있던 손가락들을 수술로 떼어 놓긴 했지만 군데군데 피부가 없는 부분이 보기에 몹시 흉했다.

점동은 놀라서 로제타 선생님에게 물었다.

"피부 이식이라면, 다른 부분의 살을 떼어 여기에 붙일 수 있단 말인가요?"

"그래. 쉬운 수술은 아니지만 가능해. 그런데 이 환자는 살을 떼어 내면 절대 안 된다고 하니……."

로제타 선생님은 잠시 생각하다가 이내 결심한 듯 말했다.

"어쩔 수 없지. 피부를 떼어 내도 괜찮다는 걸 직접 보여 주는 수밖에. 점동, 수술 준비를 해 줘."

"선생님, 어쩌려고 그러세요?"

"내 피부를 떼어 내어 이 환자에게 이식해 줄 거야."

"네에?"

점동은 너무나 놀라서 말을 잇지 못했다. 생판 남인 환자를 위해 자신의 살점을 직접 떼어 내다니 상상조차 할 수 없는 일이었다. 위독하신 어머니를 위해 자신의 허벅지 살을 잘라 약으로 썼다는 효자의 이야기를 들어 보기는 했지만 말이다.

"뭐 하고 있어? 어서 시작하자."

로제타 선생님은 자신의 피부를 세 군데 떼어 환자의 손가락에 이식했다. 점동은 그 모습을 지켜보며 가슴이 뭉클했다. 하지만 아무리 생각해도 자신은 할 수 없다는 생각이 들었다.

"내 친자매나 로제타 선생님이라면 몰라도……."

점동은 고개를 절레절레 저었다.

로제타 선생님의 헌신에 소녀도 결국 마음을 돌렸다. 소녀의 오

빠와 이화 학당의 선생님, 학생 중에서도 피부를 기꺼이 떼어 주겠다는 사람들이 나타났다. 그렇게 모인 30여 개의 피부 조각이 소녀의 손가락에 성공적으로 이식되었다. 완전하지는 않지만 전과는 비교할 수 없이 깨끗해진 손을 보며 소녀는 행복하게 웃었다. 소녀의 부모는 감사의 뜻으로 암탉 세 마리와 수탉 한 마리를 가져왔다.

"딸애의 손이 나으리라고는 상상도 못 했어요. 선생님은 저희의 은인이십니다."

모두가 기뻐하는 속에서 점동은 혼자 울적한 마음을 애써 숨기고 있었다. 하지만 로제타 선생님의 예리한 눈은 피할 수 없었다.

"점동, 왜 그러니? 슬퍼 보이는구나."

"…아니에요."

"그러지 말고 이야기해 보렴."

"선생님께서 저를 믿어 주시고 제게 여러 의학 지식을 가르쳐 주시는 것은 정말 감사해요. 언젠가는 제가 선생님의 뒤를 이어 환자를 치료하길 기대하시는 거죠? 하지만 저는 그럴 수 없을 것 같아요. 저는 봉업이나 로드와일러 선생님처럼 환자를 위해 제 피부를 떼어 내는 일은 결국 하지 못했어요. 그리고 외과 수술은 너무 끔찍해요. 칼로 살점을 도려내고 꿰매는 걸 옆에서 보는 것만으로도 무서운데 그걸 제가 어떻게 해요. 전 못할 것 같아요."

점동은 끝내 울음을 터뜨렸다. 존경하는 로제타 선생님께 속내를 털어놓으니 부끄럽기도 하고 죄송하기도 했다. 선생님이 실망하시면 어쩌나 하는 걱정도 불쑥 들었다. 점동은 고개를 푹 숙이고 눈물만 뚝뚝 흘렸다.

로제타 선생님은 그런 점동을 물끄러미 바라보다가는 문득 질문을 던졌다.

"점동, 우리가 함께한 지 얼마나 되었지?"

"한 달이 좀 넘었어요."

"그동안 거의 매일 수술을 했으니 너는 수십 건의 수술을 보조했구나. 한 번에 보통 서너 시간씩은 너끈히 걸리니 지금까지 너는 100시간이 넘도록 날 도와준 셈이야."

점동은 어느새 눈물을 그치고 로제타 선생님의 얼굴을 빤히 바라보았다. 점동의 얼굴에 커다란 물음표가 떠올랐다.

'선생님은 대체 무슨 말씀을 하시려는 걸까?'

로제타 선생님은 환한 미소를 띠고 점동을 바라보다가 마침내 입을 열었다.

"그토록 무섭고 끔찍한 시간을 100시간이 넘게 견디며 너는 묵묵히 네가 맡은 역할을 잘 해내려 노력했구나. 그건 정말 대단한 일이란다."

점동의 눈에서 눈물 한 방울이 툭 떨어졌다. 그렇지만 아까와는 전혀 다른 눈물이었다. 점동의 마음은 깊은 감동과 뿌듯함으로 벅차올랐다.

김에스더, 의사가 되기로 결심하다

"선생님, 저 세례를 받고 싶어요."

점동의 말에 스크랜튼 부인은 눈을 크게 떴다. 이화 학당에서는 기독교 정신에 따라 학생들을 교육하고 있었지만, 그렇다고 모든 학생이 세례를 받는 것은 아니었다. 오직 스스로 원하는 학생들만 세례를 받도록 했다.

"세례명도 이미 정해 두었어요."

"그래? 뭐로 정했지?"

"에스더예요."

"너와 잘 어울리는 세례명이구나."

"선생님께선 에스더라는 이름이 제게 어떤 의미인지 잘 모르실 거예요."

스크랜튼 부인은 어깨를 으쓱하며 다시 한번 눈을 크게 떴다.

점동은 차분히 말을 이었다.

"태어나면 누구나 부모님이 지어 주신 이름으로 살아가지요. 조선에서는 여자가 결혼하면 출신 지역을 붙여서 어디 어디 댁이라고 불러요. 아기를 낳으면 누구 엄마라고 부르고요. 분명 내 이름이지만 내 뜻대로 지을 기회란 영영 없답니다. 하지만 에스더는 제가 선택한 이름이에요. 앞으로 김점동이 아닌 김에스더는 다른 사람의 말에 휘둘리지 않고 스스로 선택한 삶을 살 거예요."

스크랜튼 부인은 인자한 미소를 지었다.

"아주 멋지구나. 그리고 축하한다, 김에스더."

에스더의 얼굴에 환한 웃음이 번졌다.

로제타 선생님은 에스더를 비롯한 몇 명의 학생들에게 본격적으로 생리학과 약리학을 가르치기 시작했다.

"오늘은 피부를 배울 차례지? 어서 뼈대도 배웠으면 좋겠다."

"웬일이야, 에스더? 너 처음에는 뼈 모형에 손도 못 대고 해골 사진만 봐도 무섭다고 했잖아."

친구의 핀잔에 에스더는 멋쩍게 웃었다. 배우면 배울수록 생리학이 재미있으니 스스로 생각해도 참 신기한 일이었다. 환자가 오면 진료 전에 미리 문진을 하는 일도 에스더의 몫이었다. 흔한 병에 걸린 환자가 오면 로제타 선생님이 어떤 약을 처방하는지도 미리 알고 준비했다. 에스더는 로제타 선생님의 든든한 조수로 쑥쑥 성장하고 있었다.

"에스더, 이 환자는 어디가 아파서 오셨지?"

"보시다시피 구순 구개열 환자입니다."

"구순 구개열은 어떤 병이지?"

"조선에서는 흔히 '언청이'라고 합니다. 태어날 때부터 입술이나 입천장이 갈라져 있는 기형이지요."

에스더의 말처럼 여인의 입술은 둘로 갈라져 위로 붙어 있어서 무척이나 보기 흉했다. 여인이 불안한 얼굴로 물었다.

"정말 수술을 받으면 제 입술도 다른 사람들처럼 될 수 있을까요?"

"걱정하지 마세요. 저는 로제타 선생님이 구순 구개열 수술하시는 것을 몇 번이나 봤어요. 모두 깜짝 놀랄 정도로 좋아지셨답니다."

에스더의 말에 여인은 눈물을 글썽였다.

"제발 저도 꼭 고쳐 주세요. 집안에서 정해 준 곳으로 시집을 가긴 했는데, 남편이 집에 들어오려고도 하지 않아요. 제가 흉측한

괴물 같아서 꿈에 나올까 무섭대요."

"어쩜 그리 심한 말을……."

에스더는 눈물을 뚝뚝 흘리는 여인의 두 손을 꼭 잡아 주었다.

로제타 선생님이 구순 구개열 수술을 시작했다. 에스더는 곁에서 수술을 보조했다. 피를 닦아 내고 혈관을 누르는 지혈 집게도 능숙하게 다루었다.

"솜씨가 날로 좋아지는구나, 에스더."

로제타 선생님의 칭찬에 에스더는 으쓱했다. 몇 시간씩 수술 보조를 하면서 쌓인 피로가 단번에 날아가는 것 같았다. 수술은 성공적으로 끝났다. 수술 후 꿰맨 상처도 꾸준히 치료를 받자 하루가 다르게 회복되어 갔다. 여인은 몰라볼 만큼 어여쁜 얼굴을 되찾았다.

"정말 많이 좋아지셨어요!"

에스더는 여인을 보며 자기 일처럼 기뻐했다. 여인이 환하게 웃었다.

"정말 고맙습니다. 모두 선생님들 덕분이에요."

"오늘 퇴원하시죠? 남편분께서 데리러 오시면 깜짝 놀라시겠어요."

여인은 뜻 모를 미소를 지었다.

"저는 집으로 돌아가지 않을 거랍니다."

에스더는 깜짝 놀라 물었다.

"그게 무슨 말씀이세요?"

"실은 병원에서 지내는 동안 선생님들을 보면서 느낀 점이 많았어요. 저는 그동안 여자니까 당연히 남편에게 의지해서 살아야 한다고만 생각했어요. 그래서 남편이 흉한 외모 때문에 저를 외면하자 죽을 결심까지 했었지요. 하지만 선생님들은 저와 같은

여자인데도 남편에게 의지하지 않고, 오직 본인의 능력으로 남을 도우며 멋지게 살아가고 계시잖아요. 저도 선생님들처럼 살고 싶어요. 무슨 일이든 스스로 노력해서 살아갈 길을 찾아보겠어요. 저를 다시 태어나게 해 주셔서 정말 감사합니다."

여인은 에스더와 로제타 선생님에게 깊이 절을 했다. 에스더는 가슴이 벅차올랐다.

'내가 사람을 살리는 일을 하고 있구나. 이건 정말로 귀한 일이다.'

그 순간 에스더는 단단히 결심했다.

'나도 로제타 선생님처럼 의사가 될 테야. 아무리 힘들어도 절대로 포기하지 않을 거야.'

에스더의 마음을 꿰뚫어 보기라도 한 듯 로제타 선생님의 얼굴에는 잔잔한 미소가 떠올랐다.

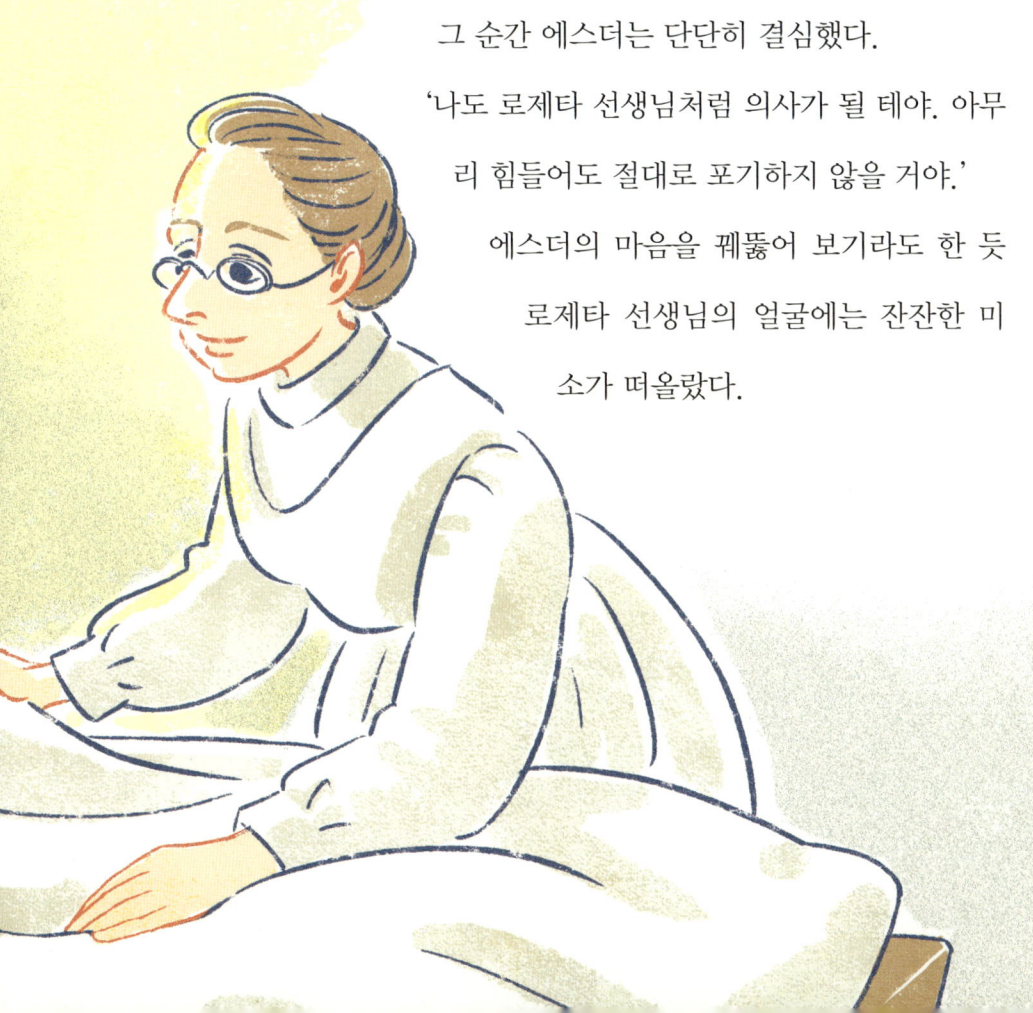

박에스더, 미국 유학길에 오르다

스크랜튼 부인은 안절부절못했다. 눈앞의 여인은 원하는 대답을 들을 때까지는 그 자리에서 한 발자국도 움직이지 않을 기세였다. 그는 에스더의 어머니였다.

"에스더가 올해 열여섯 살입니다. 조선에서는 처녀가 열여섯 살이 넘도록 혼인을 하지 못하면 모두 수군거린다고요. 신내림을 받아 무당이 됐거나 병에 걸린 게 아니라면 말이지요. 지금 당장 에스더를 집으로 데려가겠어요."

"하지만 에스더는 로제타 선생님에게 의학을 배우면서 훌륭한 의료인으로 성장하고 있습니다. 지금 그만두기에는 너무 아깝잖아요. 또 보구여관은 에스더의 도움이 꼭 필요하기도 하고요."

"그거야 이곳 사정이지요! 물론 그동안 가르쳐 주신 것은 고맙습니다. 하지만 저는 어미로서 딸애가 사람들에게 손가락질이나 당하면서 살게 놔둘 수는 없어요. 지금 이 아이는 공부를 할 때가 아니라 혼인을 해야 할 때라고요!"

"어머니!"

잠자코 듣고만 있던 에스더가 불쑥 끼어들었다.

"전 혼인하고 싶지 않아요."

"그게 대체 무슨 소리야?"

"여기에서 계속 공부하면서 로제타 선생님을 돕고 싶어요. 그리고 언젠가는 미국에 가서 의학을 공부하고 싶어요. 결혼하면 그렇게 할 수 없잖아요."

"애가 무슨 말도 안 되는 소리를……!"

에스더의 어머니는 기가 막혀 뒤로 넘어갈 지경이었다. 그러자 스크랜튼 부인이 나섰다.

"자, 이렇게 하면 어떻겠습니까? 저희가 에스더의 신랑감을 찾아보지요. 에스더가 의학 공부를 계속하도록 도와줄 수 있는 사람으로 말입니다. 그러면 두 분 모두 만족할 수 있겠지요?"

어머니는 에스더가 끝까지 혼인하지 않겠다고 우길까 봐 걱정이 태산이었다가, 스크랜튼 부인의 말에 한숨을 돌렸다. 에스더 역시 여자가 결혼하지 않고 혼자 살 수 없는 조선의 현실을 잘 알고 있었기 때문에 부인의 제안을 받아들일 수밖에 없었다.

그때부터 이화 학당 선교사들은 에스더의 신랑감 찾는 일에 발 벗고 나섰다.

"남편을 위해 음식을 차려 주고 바느질을 해 주는 아내가 아니라, 자기 일을 열심히 하는 아내를 원할 남자가 조선 땅에 과연 있을까요?"

"조선 속담에 짚신도 짝이 있다는데, 에스더에게 꼭 어울릴 남자가 한 명은 있겠지요. 좀 더 수소문해 봅시다."

마침내 한 남자가 에스더의 신랑감으로 물망에 올랐다. 이름은 박여선, 나이는 스물여섯 살로 키가 크고 훤칠하며 성품이 온화한 청년이었다. 신앙심이 깊은 박여선은 하느님을 위해 충실히 일할 수 있는 여성을 아내로 맞이하고 싶어 했다. 에스더에게 꼭 맞춘 것처럼 어울리는 사람이었다. 두 사람은 곧 결혼식을 올렸다. 그리고 얼마 뒤, 로제타 선생님이 미국으로 돌아가게 되었다. 에스더는 로제타 선생님에게 달려가 간청했다.

"선생님, 저도 미국으로 데려가 주세요. 의학 공부를 계속하고 싶어요."

"에스더, 넌 정말 훌륭한 학생이야. 하지만 미국에 가면 고등학교 과정부터 공부해서 의과 대학에 입학해야 해. 몇 년이 걸릴지 알 수 없어. 의대에 진학한다 해도 의사가 되는 과정을 따라가려면 몹시 힘에 부칠 텐데, 네가 해낼 수 있을지 걱정되는구나."

에스더의 당찬 눈빛이 반짝였다.

"저는 꼭 선생님처럼 의사가 되고 싶어요. 보구여관에서 얼마나 많은 이들이 새 생명을 얻었는지 제 눈으로 이미 확인했잖아요."

에스더는 로제타 선생님의 손을 꽉 잡았다.

"우리 조선에는 여자 의사가 꼭 필요해요. 저는 그동안 선생님께 의학을 배우는 행운을 누렸어요. 제가 할 수 없다면 우리 조선 땅에서 누가 그 어렵고 힘든 길을 갈 수 있겠어요? 아무리 힘들어도 중간에 포기하지 않을게요. 약속할게요, 선생님. 저를 꼭 데려가 주세요."

로제타 선생님은 고개를 끄덕였다.

"그래, 네 말이 옳다. 함께 가자꾸나."

에스더의 심장이 거세게 요동쳤다. 꿈에도 그리던 미국 유학의 길이 바야흐로 눈앞에 펼쳐지는 순간이었다.

"미국에서 결혼한 여자는 남편의 성을 따른다고 하지요? 그럼 저는 김에스더가 아니라 박에스더가 되겠네요."

미국 유학의 길을 선택하면서 에스더는 세 번째 이름을 갖게 되었다. 박에스더는 앞으로 자신의 삶에 어떤 일들이 펼쳐질지 상상하는 것만으로도 가슴이 뛰었다.

우리나라 최초의 여성 의사가 되다

"여기 미국에서 박사 공부를 하고 온 의사 선생님이 계시다면서요? 제발 우리 딸 좀 살려 주세요!"

한 농부가 어린 딸을 둘러업고 보구여관으로 뛰어 들어왔다. 에스더가 황급히 의식을 잃은 환자를 살폈다. 눈이 움푹 패어 있고, 혀 안쪽의 점막도 바싹 말라 있었다. 한눈에 보아도 심각한 탈수 상태였다. 그대로 두면 곧 사망할 수도 있는 상황이었다.

"간호원, 빨리 수액을 준비해 주세요."

에스더는 서둘러 환자에게 정맥 주사를 놓았다.

"구토나 설사를 했나요?"

"네, 하루에도 수십 번씩 무섭게 설사를 하더니 갑자기 까무러쳐 버렸어요."

에스더는 쩔쩔매고 있는 농부에게 다시 물었다.

"가족이나 이웃 중에서 비슷한 증세를 보이는 사람이 있었나요?"

"예. 옆집이랑 건넛집 식구들도 그렇다는구먼요. 선생님, 이거 쥐통 맞지요? 귀신 들린 쥐한테 물려서 생기는 병이요. 저희 조부님도 이 병에 걸려 돌아가셔서 제가 잘 알아요. 진작에 쥐 귀신이 못 들어오게 집 앞에 고양이 부적을 붙였어야 하는 건데……."

에스더는 심각한 얼굴로 농부에게 말했다.

"이건 콜레라라는 전염병입니다. 우리나라에서는 호열자라고 하지요. 호열자는 쥐가 물어서 생기는 병이 아니라 오염된 물 때문에 발병하는 거예요."

농부가 어리둥절한 얼굴로 말했다.

"하지만 발뒤꿈치부터 찌릿하게 아프기 시작해서 다리가 뻣뻣하게 굳는 걸 보면 쥐한테 물려서 그런 게 틀림없는데, 난데없이 물 때문이라니요?"

"사지가 뻣뻣하게 마비되는 것은 탈수 때문에 생기는 증상이에요. 사람은 몸무게의 60퍼센트가 수분으로 이루어져 있는데, 설사 때문에 몸속의 물이 과도하게 빠져나가면 목숨을 잃을 수도 있어요. 하지만 수분만 잘 공급해 주면 나을 수 있습니다. 제 말을 믿으세요."

농부는 석연치 않은 기색이었지만, 곧 고개를 숙이며 부탁했다.

"예, 미국까지 가서 의학 공부를 하신 선생님 말씀이니 믿어야지요. 부디 우리 딸 살려만 주십시오."

에스더는 농부에게 간곡히 당부했다.

"콜레라균은 전염력이 아주 높아요. 곧 온 마을에 환자가 넘쳐 나게 될 거예요. 그러니 어서 빨리 이웃에 알리셔야 합니다. 물은 반드시 끓여서 마시고, 음식을 하기 전에는 손을 깨끗이 씻어야 합니다. 그것만 잘 지켜도 수많은 사람을 살릴 수 있어요. 도와주실 거죠?"

농부는 연신 고개를 끄덕였다.

"설사를 시작하면 끓여서 식힌 물을 계속 마시도록 하고, 증세가 심해지면 병원으로 빨리 와야 합니다."

"네, 그렇게 알리겠습니다. 선생님."

이 간단한 사실을 알지 못해 얼마나 많은 이가 소중한 목숨을 잃게 될까 생각하니, 에스더는 다시금 어깨가 무거워지는 느낌이었다.

"저도 오늘 진료를 마치는 대로 따라가겠습니다. 콜레라가 한번 유행하기 시작하면 걷잡을 수 없이 퍼져 나갈 거예요. 그렇게 되기 전에 막아야지요."

에스더는 어린 환자를 보며 굳은 얼굴로 결의를 다졌다. 피로가 쌓인 탓인지 며칠 전부터 몸이 좋지 않았지만, 그렇다고 손 놓고 있을 수는 없었다.

근대 서양 의학을 공부한 여성 의사로서 에스더는 몸이 열 개라도 부족할 지경이었다. 로제타 선생님과 함께 매해 수천 명의 환자를 진료했고, 의사가 필요한 곳이 있으면 어디든 가리지 않고 왕진을 다니며 한 사람의 환자라도 더 치료하기 위해 애썼다. 가정의 건강을 책임지는 여성들에게 근대적 위생 관념을 가르치고, 간호원 양성소를 세워 여성 의료인을 길러 내는 일에도 힘을 보탰다.

에스더는 진료를 마치고 왕진 가방을 챙겨 병원을 나섰다. 사명감으로 충만한 그의 발걸음은 더없이 힘차고 가벼웠다.

김점동(1876~1910)

기자는 미국에서 볼티모어 여자 의과 대학을 졸업하고 돌아와 보구여관에서 환자를 진료하고 있는 한국 최초의 여성 의사 김점동 선생님을 찾아갔다. 하지만 대기하는 환자들이 워낙 많아 쉴 틈 없이 일하시는 선생님께 차마 인터뷰 요청을 할 수 없었다. 결국 진료를 마친 뒤, 선생님이 당나귀를 타고 왕진 가는 길에 기자가 동행하여 간신히 인터뷰를 할 수 있었다.

온종일 병원에서 진료하시고 왕진까지 가시다니 힘들지 않으신가요?
힘들어도 어떡하겠어요. 나를 기다리는 환자가 있는 곳이라면 가야지요.

조선 최초의 여성 의사로서 하시는 일이 무척 많다고 들었습니다. 정확히 어떤 일들인가요?
여전히 남자 의사를 꺼리는 분위기가 있어 여자 환자들이 저를 많이 찾아옵니다. 가정의 건강을 책임지는 사람들은 우리 여자들이잖아요? 그래서 진료하는 틈틈이 환자들에게 위생 규칙을 가르치지요. 위생에만 신경을 써도 상당히 많은 전염병을 막을 수 있거든요. 또 간호원 양성소를 세우는 데도 힘을 보태고 있어요. 의료 인력이 턱없이 부족하니까요.

미국에서 의과 대학에 진학하기까지 어떤 과정을 거치셨는지 말씀해 주시겠어요?
가장 먼저 고등학교 교육 과정부터 이수했어요. 저는 죽을 각오로 공부해서 6개월 만에 미국 고등학교 졸업생만큼의 학력을 인정받았지요. 그때부터 본격적으로 의대 입시를 준비했는데, 라틴어나 물리학 같은 과목은 혼자 공부하기 너무 어렵더라고요. 할 수 없이 개인 교습을 받아야 했는데 돈이 어디 있나요? 남편이 농장에서 뼈가 부서지도록 일하면서 저를 뒷바라지하는데, 차마 과외비까지 달라는 말은 할 수 없었지요. 소아 병원에 취직해서 낮에는 수간호사 보조로 일하면서 밤에는 입시 준비에 매달렸습니다.

대단하시다는 말밖에는 나오지 않네요. 유학 내내 많은 어려움이 있으셨을 텐데, 가장 힘든 순간은 언제였나요?
힘든 순간이요? 참 많았지요. 낮에는 일하고 밤에는 공부하면서 의대 입시를 준비할 때 저희 부부에게 아기 천사가 찾아왔어요. 그런데 체력이 바닥난 상태여서 그랬는지 그만 배 속 아기를 지키지 못하고 먼저 떠나보내고 말았지요. 그때 남편과 둘이 참 많이 울었습니다. 그리고 제가 의대에 진학해서 공부를 거의 마칠 무렵, 남편이 폐결핵으로 아기 뒤를 따라가 버렸어요. 그땐 정말 공부고 뭐고 다 그만두고 싶을 만큼 슬픔에 빠져 지냈지요.

정말 견디기 힘든 시간이었겠네요. 그런데도 포기하지 않으시고 끝까지 공부를 마치게 한 원동력이 무엇이었을까요?

남편의 장례를 마치고 돌아오니 힘이 빠져 아무것도 할 수 없었어요. 자리에 누워서 다 그만두고 조선으로 돌아가야겠다고 생각하고 있었지요. 그런데 그때 탁자 위에 올려 둔 남편 사진이 눈에 들어오더라고요. 눈물이 왈칵 쏟아졌어요. 제 남편은 농장에서 모진 고생을 하면서도 제가 의사가 되기를 누구보다 더 바랐거든요. 여기서 그만두고 돌아간다면 그동안 남편이 했던 고생을 다 물거품으로 만드는 셈이잖아요. 그러면 안 되겠다고 생각했지요.

선생님을 보면서 의사의 꿈을 키우게 된 소녀들이 많다고 하는데요. 마지막으로 꼭 해 주고 싶은 이야기가 있으신가요?

저는 어느 날 갑자기 '조선 최초의 여의사'가 된 것이 아닙니다. 힘들고 괴롭고 그만두고 싶은 순간순간을 참으며 한 걸음씩 묵묵히 걷다 보니 여기까지 이르게 된 것이지요. 여러분도 반드시 할 수 있습니다. 제 말을 믿고 앞으로 나아가세요. 용기를 내세요.

바쁘신 중에 인터뷰에 응해 주셔서 정말 감사합니다. 환자들 건강만 돌보지 마시고 선생님 건강도 부디 챙기시길 바랍니다.

김점동 선생님은 환자가 기다리고 있다며 인터뷰가 끝나자마자 발길을 재촉했다. 총총 사라지는 선생님의 뒷모습을 보며 환자를 돌보시느라 정작 당신의 건강은 챙기지 못하시는 게 아닌가 염려가 되었다.

안타깝게도 몇 년 뒤, 기자의 우려는 사실이 되고 말았다. 김점동 선생님이 폐결핵으로 세상을 떠나신 것이다. 어린 시절 김점동 선생님을 이모라 부르며 따랐던 셔우드 홀(로제타 선생님의 아들)은 선생님의 죽음을 계기로 조선에서 결핵 퇴치 운동을 시작했다. 연하장을 보낼 때 우표 옆에 붙이는 크리스마스실을 발행해 결핵 치료를 위한 기금을 모으기 시작한 것도 그였다. 한 명의 환자라도 더 살리기 위해 마지막까지 노력하셨던 김점동 선생님의 뜻은 계속 이어지고 있다.

- ○○○ 기자

유관순

독립을 향한 불꽃을 품고 만세를 부르다

가슴에 불꽃을 안고 고향으로

1919년 3월 10일, 봄이 오는 것을 시샘하는지 경성역 횡한 철로에 찬 바람이 매섭게 휘몰아쳤다. 이어서 천둥 같은 기적 소리를 앞세우고 거대한 열차가 모습을 드러냈다. 흰 저고리에 검정 치마를 입고 댕기를 늘어뜨린 여학생들은 볼이 빨갛게 얼어붙은 줄도 모르고 기차를 놓칠세라 저마다 보퉁이를 끼고 종종걸음을 쳤다. 그러거나 말거나 관순은 뜻 모를 미소를 머금은 채 우두커니 서 있었다.

"얘, 관순아. 뭐 하고 있니? 우리도 어서 타야지."

예도가 관순의 옆구리를 쿡 찔렀다. 관순이 나지막한 목소리로 속삭였다.

"있지, 내 귀엔 저 기차 소리가 '대한 독립, 대한 독립' 그렇게 들린다."

예도는 소스라쳐 주위를 살폈다. 곳곳에 누런 군복을 입은 헌병들이 총칼로 무장한 채 눈을 번뜩이고 있었다.

"누가 들으면 어쩌려고 그래? 안 그래도 만세 부른 사람들 찾아내려고 혈안이 되어 있을 텐데."

댕기 머리 여학생 유예도와 유관순은 사촌 사이로, 함께 이화 학당에서 공부하고 있었다. 3월 1일부터 시작된 만세 운동이 갈수록 거세지고 학생들의 참여도 나날이 늘어나자, 일제는 급기야 휴교령을 내리고 모든 학교의 문을 닫아걸게 했다. 두 소녀도 할 수 없이 아쉬운 마음을 달래며 고향인 천안 아우내로 향하는 길이었다.

관순은 기차에 오르면서도 헌병의 눈을 피해 계속 소곤거렸다.

"언니, 우리 고향에서도 만세 운동이 벌어졌을까?"

"팔도 방방곡곡에서 만세를 불렀다는데, 그냥 넘어가시진 않았을 거야."

관순은 저고리 앞섶에 가만히 손을 얹었다. 꼬깃꼬깃 접어 몰래 숨겨 둔 종이의 촉감이 손바닥을 타고 전해 오는 것 같았다. 파고다 공원부터 시작해 만세 운동이 벌어지던 날, 관순은 교장 선생님의 만류를 뿌리치고 학교 담장을 넘었다. 담장을 넘자마자 눈앞에 펼쳐진 만세 운동의 거대한 물결을 관순은 결코 잊을 수 없었다. 학생, 노인, 지게꾼이며 장옷을 쓴 여자들까지, 양반, 노비 할 것 없이 모두가 한목소리로 "대한 독립 만세!"를 목청껏 외쳤다.

　그날 느낀 전율과 해방감은 여전히 관순의 심장 속에 살아남아 펄떡이고 있었다. 일본인들이 우리 땅에서 주인 행세하며 조선인을 차별하고 멸시할 때마다 나라 잃은 설움에 얼마나 피눈물을 흘려야 했던가. 그날의 만세 소리는 분명 "우리 조선은 살아 있다!"는 외침이었다. 우리가 하나 되어 일어서면 기세등등하던 일본인

들도 두려워한다는 것을 관순은 두 눈으로 똑똑히 확인했다.

관순은 차창 밖으로 흘러가는 하늘과 땅을 바라보며 주먹을 꽉 쥐었다. 그리고 마음속으로 다짐했다. 나의 앞날에 제아무리 험한 가시밭길이 기다리고 있더라도 이 뜨거운 마음을 저버리지 않겠다고. 하지만 그날 관순의 가슴속에 피어오른 작은 불꽃이 곧 커다란 불기둥으로 활활 타올라 온 나라를 비추게 될 줄은 그 누구도 알지 못했다.

만세 운동의 불씨를 지피다

관순은 집에 돌아오기 무섭게 마을의 큰 어른이자 교회를 이끄는 속장님 댁으로 내달렸다. 속장님 댁에는 관순의 아버지와 삼촌을 비롯해 마을 어른들이 모여 있었다. 관순은 절을 올리자마자 어른들에게 따지듯 물었다.

"경성에서는 만세 운동이 크게 일어나서 천지가 들썩거렸는데, 우리 마을은 어째서 이렇게 조용하기만 합니까?"

"만세 운동에 대해서는 신문에 한 줄도 실리지 않으니, 오가며 귀동냥으로 전해 들은 게 전부였지. 우리처럼 작은 마을에서는 마음만 답답하지 뭘 할 수 있겠니."

"그러지 않아도 궁금하던 차였다. 네가 본 대로 이야기를 좀 해 보려무나."

관순은 소맷단에서 곱게 접힌 종이를 꺼내 어른들 앞에 내밀었다. 저고리 앞섶에 숨겨 가져온 독립 선언서와 태극기였다. 어른들의 긴장한 눈빛이 공중에서 부딪쳤다. 관순은 다부지게 말했다.

"지금도 늦지 않았습니다. 이번 기회에 온 백성이 마음을 하나로 모아 저들에게 본때를 보여 주어야 해요."

속장님이 굳은 얼굴로 고개를 끄덕였다.

"관순이 말이 옳소. 나라를 되찾는 일에 우리도 힘을 보탭시다."

관순의 아버지도 울분에 찬 목소리로 나섰다.

"일제에 나라를 빼앗긴 지 십여 년이 흘렀습니다. 그동안 젊은 이들을 가르쳐 나라의 힘을 길러야 한다는 생각으로 학교를 세워 교육에 힘썼지만, 저들의 억지와 횡포로 온갖 고초를 겪어야 했습니다. 더 이상 참을 수 없습니다. 지렁이도 밟히면 꿈틀한다는데, 우린 사람이 아닙니까."

둘러앉은 사람들 모두 침통한 얼굴이었다. 일본인 지주나 헌병에게 조선인이라는 이유로 벌레보다 못한 취급을 당한 일이 수없이 많았기 때문이었다. 법부터 대놓고 일본인과 조선인을 차별하니 조선인들은 억울해도 기댈 곳이 없었다. 같은 잘못을 저질러도 일본인은 벌금을 내면 그만인 반면, 조선인은 형틀에 묶어 놓고 볼기를 곤장으로 매질하는 태형에 처하는 식이었다. 벌을 주는 기준도 제멋대로였다. 칼을 찬 헌병이 수시로 마을을 돌다가 조선인의 행동이 눈에 거슬린다 싶으면 재판도 없이 그 자리에서 즉결 심판을 내렸다. 억울한 일을 당하는 조선인이 차고 넘칠 수밖에 없었다.

관순이 눈을 빛내며 말했다.

"오늘부터 당장 태극기를 그리겠어요. 인근 고을까지 태극기를 돌리려면 서둘러야 해요."

"어린 관순이가 이렇게 적극적으로 나서는데 우리 어른들이 가만있을 수 없지요. 모두 힘을 합쳐 큰일 한번 일으켜 봅시다."

만세 운동은 음력 3월 1일, 아우내 장터에서 하기로 정해졌다. 그날이 장날이라 사람들이 많이 모일 것을 염두에 둔 선택이었다. 이제부터 준비할 일이 많았다. 태극기를 그리고 독립 선언서를 베껴 쓰는 일이며 청주, 진천 등 주변 고을을 돌며 만세 운동에 참여하도록 알리고 설득하는 일까지. 관순은 고향에서 만세 운동의 불씨를 지피는 일에 제 작은 힘을 보태게 된 것이 그리도 뿌듯할 수 없었다.

어둠을 몰아내는 작은 불빛

"컹컹!"

이제 막 동이 틀 무렵, 주위는 아직 어둠에 잠겨 있었다. 낯선 발걸음을 가장 먼저 알아챈 동리 개들이 짖어 댔다.

"뉘시오?"

인기척을 느낀 아낙이 초가집 싸리문을 열고 바깥을 살폈다. 그때 시커먼 형체가 성큼 다가섰다.

"에구머니!"

아낙은 놀라 그 자리에 주저앉을 뻔했다. 당황한 관순이 재빨리 손을 뻗어 아낙을 붙들었다.

"놀라셨어요? 죄송합니다. 저는 천안 아우내 지령리에 사는 유, 중자, 권자 되시는 분의 딸입니다. 지금은 이화 학당에 다니고 있고, 이름은 관순이라 합니다."

아낙이 여전히 미심쩍은 눈으로 관순을 살피며 물었다.

"그런데 여긴 왜……?"

관순이 목소리를 더욱 낮추고 말했다.

"지금 팔도 방방곡곡에서 만세 운동이 일어난다는 소식 들으셨어요?"

그 말에 아낙은 귀신이라도 본 것처럼 얼굴이 하얗게 질려서는 좌우를 살폈다.

"마, 만세 운동? 엊그제 헌병들이 마을에 들이닥쳐서는 으름장을 놓고 갔는데. 괜히 쓸데없이 만세 운동 같은 데 낄 생각일랑 말라고……."

"왜놈들이 왜 그러겠어요? 우리 조선인들이 힘을 모을까 봐 겁이 나서 그런 거예요. 우리가 힘을 합쳐 하나가 되면 지금처럼 우리를 깔보고 함부로 부리지 못할 테니까요."

아낙이 못 미더운 눈초리로 되물었다.

"왜놈들이 겁을 낸다고? 저희는 총도 있고 칼도 있는데, 우린 아무것도 없잖아."

관순은 힘주어 말했다.

"총과 칼만 무기가 아니에요. 우리 조선인은 한 사람, 한 사람이 무기예요. 왜놈들이 총칼로 위협을 해도 우리가 끝까지 포기하지 않고 만세를 부르면 결국은 왜놈들을 우리 땅에서 쫓아낼 수 있을 거예요."

"정말 그리되기만 한다면 얼마나 좋겠어."

아낙은 깊은 한숨을 내쉬더니 신세 한탄을 시작했다.

"조상님 때부터 대대로 농사지어 오던 논밭을 두 눈 시퍼렇게 뜨고 왜놈들 손에 빼앗겼지 뭐야. 동척인지 뭔지에서 토지 신고를 하라는데, 까막눈이라 뭘 알아야 신고서를 쓰든가 말든가 하지. 그 땅이 우리 땅이라는 건 하늘이 알고 마을 사람들도 다 아는데, 그까짓 종이 쪼가리 하나 안 적어 냈다고 이제부턴 우리 땅이 아니라는 게 말이나 되느냐고."

"그렇게 땅을 빼앗긴 사람들이 한둘이 아니지요."

관순은 아낙의 손을 움켜쥐고 간절히 말했다.

"그러니 꼭 음력 3월 1일에 아우내 장터에 와서 함께 만세를 불러 주세요. 집 안에 강도가 들었는데 주인이 그냥 보고만 있으면 안 되잖아요. '이 나쁜 도적놈아, 물러가라!' 소리라도 질러야지요. 그러지 않으면 앞으로도 계속 왜놈들한테 당하면서 살아야 해요."

아낙도 관순의 손을 마주 잡으며 고개를 끄덕였다.

"그래, 우리 자식들까지 이렇게 살게 할 순 없지. 우리 바깥양반이랑 같이 아우내 장터로 꼭 나가겠네."

관순은 품 안에서 태극기를 꺼내 아낙에게 건넸다.

"그날까지 헌병들에게 들키지 않도록 잘 숨겨 두세요."

"고마워, 학생. 몸조심해."

관순은 서둘러 옆집으로 발길을 옮겼다.

함께 만세를 부르겠다고 굳게 약속해 준 이웃들의 따듯한 손길과 눈빛은 시간이 갈수록 여린 관순의 심장을 단단하게 채워 주었다. 한 농부는 어린 딸의 머리를 쓰다듬으며 말했다.

"영특한 학생을 보니 내 딸도 꼭 신식 학교에 보내야겠다는 생각이 드는구먼. 이젠 여자도 가르쳐야 하는 세상이야. 이 아이가 자라 왜놈들의 종이 아니라 우리 땅의 주인으로 버젓이 살아가게 하려면 만세 운동에 나가야 하고말고. 백 번이라도 만세를 부르겠네."

하지만 이웃 모두가 호의를 보인 것은 아니었다. 만세를 부르려거든 너나 하라는 조롱을 던지는 이도 있었고, 썩 물러가지 않으면 당장 헌병을 부르겠다고 협박하는 이도 있었다. 혹은 짐짓 관순을 걱정해 주는 척 타이르는 이도 있었다.

"과년한 처녀가 밤늦게 돌아다니면 되겠어? 여자는 살림 배우며 조신하게 지내다 시집이나 잘 가는 게 부모님께 효도하는 길이야."

때로는 이웃들에게 상처받고 실망하기도 하고, 또 때로는 힘을 얻기도 하면서 관순은 아우내 장날이 오기까지 스무날 동안 하루에 80리 길을 쉴 틈 없이 걸었다. 헌병의 눈을 피해 고개를 수없이 넘어가며 청주, 진천, 연기, 안성, 천안, 목천의 여섯 개 고을을 다니며 만세 운동에 함께 참여하자고 설득했다.

마침내 음력 3월 1일이 하루 앞으로 다가왔다.

밤이 이슥해지자 관순은 아버지와 속장님, 마을 어른들과 함께 지령리 매봉산에 올랐다. 다음 날 만세 운동에 참여하겠다는 뜻으로 자정이 되면 각 마을에서 봉화를 들기로 미리 약속했기 때문이었다.

관순은 산꼭대기에 올라 거친 호흡을 고르며 캄캄한 어둠 속을 바라보았다. 지난 스무날 동안 발바닥이 성할 날 없이 뛰어다니며 최선을 다했다. 하지만 일제에 저항해 만세를 부르는 것은 결코 가벼운 일이 아니었다. 헌병에 잡혀 감옥에 가거나 고문을 당할 수도 있고, 자칫하면 목숨을 잃을 수도 있었다. 그것을 모를 리 없는 사람들이 과연 얼마나 함께해 줄지 관순은 갑자기 자신이 없어져 고개를 떨구었다. 그때였다.

"관순아, 저길 봐라!"

아버지의 목소리에 고개를 든 관순은 저 멀리 고개에서 작지만 환한 빛이 선명하게 불타오르는 것을 보았다. 곧이어 청주, 진천, 연기, 안성에서, 우각산과 강단산, 개목산과 백전리 돌산에서 붉은 봉화가 차례차례 들어 올려졌다. 빼앗긴 자유를 되찾고 사람답게 살고 싶다는 외침인 양, 갈 길이 험해도 어깨를 겯고 우리 함께 나아가자는 약속인 양 먼댓불빛들이 힘차게 일렁였다. 관순 일행은 넋 나간 사람처럼 그 모습을 하염없이 바라보고 서 있었다. 속장님이 갑자기 정신을 차린 듯 외쳤다.

"뭣들 하고 있소! 우리도 어서 봉화를 올려야지."

관순은 화들짝 놀라 미리 모아 두었던 삭정이와 나뭇잎에 서둘러 불을 붙였다. 단숨에 불꽃이 피어올랐다. 속장님이 커다란 장작에 불을 옮겨 높이 들어 올렸다. 이에 호응하듯 몇몇 고개에서 새로운 불꽃이 돋아났다.

작은 불빛 몇 개가 캄캄한 밤하늘을 몰아내려 안간힘을 쓰고 있었다. 불빛의 힘은 너무나 미약해서 끝없이 밀려오는 어둠을 상대하기엔 턱없이 부족했다. 하지만 관순은 알고 있었다. 곧 새벽이 오리라는 것을. 그리고 창대한 태양이 떠올라 눈부신 빛으로 온 세상을 환하게 비추어 주리라는 것을.
　어린 소녀는 결심했다. 그날이 올 때까지 제 몸을 태워서라도 독립의 작은 불빛을 반드시 지켜 내겠다고.

아우내 장터에 타오른 횃불

"대한 독립 만세!"

발 디딜 틈 없이 붐비는 아우내 장터에서는 목 놓아 만세를 부르는 소리가 연이어 터져 나왔다. 끝없이 늘어선 흰옷의 물결이 거대한 파도처럼 넘실거렸다. 관순은 벅차오르는 감격으로 목이 메었다. 마침내 해방을 양손에 거머쥐었다고 느낀 순간, "탕! 탕! 탕!" 천지를 울리는 총소리와 지독한 화약 냄새에 관순은 정신이 번쩍 들었다. 사방이 쥐 죽은 듯 조용해졌다. 어느새 총칼로 무장한 헌병 무리가 빼곡히 늘어서 만세 행렬을 가로막고 있었다. 총에 맞아 쓰러진 사람들 사이로 붉은 피가 내를 이룬 듯 흐르고 있었다.

"네 이놈들! 평화롭게 만세를 부르는 사람들이 무슨 죄가 있다고 총질을 하는 것이냐!"

관순의 아버지가 울분에 차서 소리를 쳤다. 기다렸다는 듯 시퍼런 총구가 아버지의 가슴을 겨누었다.

"탕!"

관순의 아버지는 억, 소리도 채 내지 못하고 가슴을 부여잡으며 그대로 쓰러졌다.

"아버지!"

"여보!"

관순의 어머니가 구를 듯 달려와 아버지의 시체를 얼싸안았다. 그러자 또 한 발의 총알이 날아와 절규하는 어머니의 심장을 관통했다. 눈앞에서 부모님이 쓰러지는 것을 본 관순은 외마디 비명을 질렀다.

"아악!"

관순은 떨리는 발걸음으로 총을 쏜 헌병을 향해 한 발 한 발 걸어갔다. 자신을 향해 똑바로 겨누어진 총구 앞까지 한 치의 망설임도 없이 다가서는 소녀의 기세에 눌려 헌병은 방아쇠를 차마 당기지 못했다. 관순은 눈자위가 허옇게 뒤집힌 채 헌병의 옷자락을 잡고 매달렸다.

"우리는 빼앗긴 나라를 되찾으려고 정당한 일을 했을 뿐이다.

그런데 어째서 총칼로 내 부모를 죽이고 우리 민족을 죽이는 것이냐!"

멱살을 잡힌 헌병은 얼이 빠져 아무런 대응도 하지 못했다. 그 모습에 헌병 대장이 버럭 소리를 쳤다.

"멍청한 것 같으니. 당장 저 계집애를 잡아! 헌병대로 끌고 가란 말이야!"

그제야 정신을 차린 헌병들이 관순에게 달려들어 닥치는 대로 몽둥이를 휘둘렀다. 곱게 땋아 내린 머리가 산발이 되고, 피에 물든 흰 저고리가 찢겨 나가도 관순은 몸부림을 치며 악을 썼다.

"이놈들아, 죄인은 네놈들이다! 내 부모님을 살려 내라!"

관순은 헌병이 휘두른 칼에 옆구리를 찔려 끝내 정신을 잃고 말았다.

그날 아우내 장터에서 타오른 자유의 횃불은 찰나의 환희만을 남긴 채 일제의 무자비한 총칼 앞에서 무참히 스러지는 듯했다.

옥중에서 다시 피어난 불꽃

관순은 징역 3년형을 선고받고 서대문 형무소로 옮겨졌다. 형무소장은 간수(교도관)에게 관순을 잘 감시하라며 단단히 일렀다.

"법정에서도 끝까지 죄를 인정하지 않고 감히 재판장에게 대들기까지 했다는군. 아주 악질적이고 독한 계집애니까 단속 잘하도록."

간수는 관순을 데리고 여(女)옥사 8호 감방 앞으로 갔다. 문이 열리자 남루한 죄수복을 걸친 여자들이 더러운 거적이 깔린 좁은 방에 서로 포개지듯 들어앉아 있었다. 오물 냄새가 코를 찌르고 벌레들이 벽을 타고 기어 다녔다. 간수가 관순을 밀어 넣고 문을 닫아걸었다. 한 노파가 관순을 보더니 눈에 쌍심지를 켰다.

"너! 너로구나. 아우내 장터에 나와 만세 부르자고 꼬드기던 계집애."

노파는 관순에게 달려들며 울부짖었다.

"너 때문에 우리 아들이 총 맞아 죽었다. 네 부모까지 잡아먹고 온 고을을 쑥대밭으로 만들어 놓았으니 이제 어쩔 거냐. 대답해라, 대답해!"

관순은 아무 말도 하지 못하고 우두커니 서 있었다. 참으려 해도 자꾸만 눈물이 차올랐다. 그때 한 여자가 노파에게 매섭게 소리쳤다.

"그만하세요. 그게 이 아이 잘못인가요? 천벌을 받을 왜놈들 탓이지."

여자가 관순에게 다가와 어깨를 토닥여 주었다.

"나는 어윤희야. 개성에서 독립 선언서 돌리다가 잡혀 왔지."

윤희는 관순의 옆구리에 난 상처를 보고는 인상을 찌푸렸다. 제때 치료받지 못해 덧나고 염증이 생겨 끈적한 피고름이 흘러나오고 있었다.

"순경 씨, 이 상처 좀 봐 줘."

윤희가 관순을 돌아보며 말했다.

"노순경 씨가 세브란스 병원 간호사 출신이거든. 만세 부르다가 현장에서 잡혀 왔고."

순경은 관순의 상처를 살피더니 한숨을 쉬었다. 그러고는 어디에선가 천을 가져와 관순의 상처를 꽁꽁 동여매 주었다.

"우선 이렇게라도 해 둡시다. 염증이 심한데 항생제는커녕 깨끗한 붕대조차 없으니. 간호사라도 해 줄 수 있는 게 없어 미안하네요."

"미안하긴요."

관순은 배시시 웃었다. 윤희가 감방 안의 사람들을 둘러보며 말했다.

"새 식구 들어왔는데 인사나 합시다."

윤희가 관순에게 눈을 찡긋하며 속삭였다.

"알고 보면 이 방이 만세꾼 방이라고."

관순이 먼저 허리를 숙여 인사했다.

"저는 이화 학당 출신 유관순이에요."

상처투성이긴 하지만 곱상한 얼굴의 여자가 미소를 지으며 말했다.

"난 수원 기생 김향화야. 조선 팔도가 만세를 부르는데 우리 기생들이라고 빠질 수 있나. 검진받으러 의원에 가는 척, 우리 기방 애들 다 데리고 나와서 보란 듯이 만세를 불렀지. 그나저나 나 출

세했네. 여학생이랑 같은 방을 다 써 보고."

눈을 지그시 감은 여자가 허공을 향한 채 말했다.

"난 심명철. 앞을 못 보는 맹인이라고 독립운동도 못할 줄 알았는지 왜놈들이 처음엔 의심을 안 하더라고. 그래서 마음 놓고 독립운동하다가 결국은 잡히고 말았지."

그 옆에서 만삭의 여자가 커다란 배에 손을 얹고 말했다.

"난 파주에서 온 임명애야. 배 속 아기랑 같이 만세를 불렀어. 해방된 나라에서 태어나게 해 주고 싶었는데 웬걸, 감옥 안에서 낳게 생겼지 뭐야."

그런 농담에도 여자들은 다 같이 깔깔 웃었다. 하루가 멀다고 당하는 매질에 온몸은 멍투성이고 한눈에 보아도 영양실조로 보일 만큼 수척한데, 다들 눈빛만은 이상하리만치 형형하게 빛나고 있었다. 구석에 있던 한 여자가 입을 떼자 관순은 곧 그 이유를 알게 되었다.

"분위기 좋은데 노래 한 곡조 뽑아 볼까?"

윤희가 관순에게 속삭였다.

"호수돈 여학교 유치원 교사 권애라야. 나랑 저쪽 신관빈이랑 같이 독립 선언서 돌리다가 나란히 잡혀 왔지. 노래를 끝내주게

잘해."

"때한이 살았다 때한이 살았다 산천이 동하고 바다가 끓는다
에헤이 데헤이 에헤이 데헤이 때한이 살았다 때한이 살았다."

애라가 부르는 구성진 가락에 관순은 가슴이 뜨거워지며 눈물이 울컥 솟았다. 너는 나라와 민족을 위해 옳은 일을 했다고, 그러니 가슴을 당당히 펴라고 관순을 위로해 주는 것만 같았다.

그로부터 몇 개월 뒤, 유관순은 어윤희와 함께 3·1 만세 운동 일주년을 맞아 삼엄한 감시를 뚫고 옥중에서 만세 운동을 벌였다.
"대한 독립 만세! 대한 독립 만세!"
여옥사 8호실에서 시작된 만세 소리에 서대문 형무소에 수감되어 있던 수천 명의 조선인이 동참했다. 그들의 피맺힌 만세 소리는 철옹성 같은 형무소의 담을 넘어 삼천리 방방곡곡으로 울려 퍼졌다.

유관순

유관순(1902~1920)

이화 학당 학생 유관순은 천안 아우내 장터에서 만세 운동을 주도하다가 서대문 형무소에 수감되었다. 기자는 유관순을 만나기 위해 형무소에 여러 차례 면회를 요청했다. 하지만 형무소 측은 정치범 면회는 허용할 수 없다며 강경한 태도를 보였다. 결국 서양인 선교사와 동행한 끝에 어렵게 면회 허가를 받아 낼 수 있었다. 일제가 서구 열강의 시선을 극도로 의식했기 때문에 가능한 일이었다.

건강 상태가 예상했던 것보다 훨씬 심각해 보여서 무척 걱정됩니다.
얼마 전 심한 구타와 고문을 당해 방광이 파열되는 중상을 입었어요. 같은 방에 있는 언니들이 나서서 형무소장에게 저를 치료해 달라고 요구했는데, 감옥에서 소동을 일으킨 죄수를 치료해 줄 수는 없다고 딱 잘라 거절하더라고요. 감염 때문인지 온몸이 조금씩 썩어 들어가고 있습니다.

고통이 엄청날 텐데요. 초인적인 힘으로 견디고 계신 것 같습니다. 도대체 그런 힘이 어디에서 나오는 것인지 경외감이 드는군요.

육체적 고통은 잠시 머물다 가는 것일 뿐이니까요. 부모님을 죽인 일제에 절대 굴복할 수 없다는 생각으로 이를 악물며 참고 있어요. 또 저는 기독교인이라 늘 마음속으로 기도하며 하느님과 만나고 있습니다. 하느님은 면회 허락을 받지 못하더라도 옥중에 자유로이 드나드실 수 있거든요. 그리고 함께 수감 생활을 하는 동지들의 지지와 연대도 저에게 큰 힘을 줍니다.

감옥에서 소동을 일으켰다고 하셨는데, 대체 무슨 일이 있었던 거죠?

3·1 운동 일주년을 기념해서 동지들과 함께 옥중에서 만세 운동을 일으켰습니다. 그 일 때문에 심하게 고문을 당하고 한동안 지하 독방에 갇히기도 했지요.

밖에서도 하기 힘든 만세 운동을 옥중에서 계획하고 실행하다니 감탄밖에는 나오지 않습니다. 심하게 고문당할 것도 충분히 예상하셨을 텐데 그것을 각오하고 옥중 투쟁을 계획한 이유가 무엇인가요?

여옥사 8호실에서 만세 운동을 하다 잡혀 온 여러 동지를 만났습니다. 저보다 나중에 들어온 사람들을 통해 바깥세상 이야기도 전해 들었고요. 1919년에 우리가 벌인 만세 운동 이후에 상하이에 대한민국 임시정부가 수립되었다고 하더군요. 또 그동안 우리 조선 사람들에게 큰 고통을 주었던 태형령도 곧 폐지될 거라 하고요. 비록 큰 희생을 치러야 했지만, 만세 운동은 옳은 일이었다는 확신이 들었어요. 또 저들이 우리를 짓밟고 고문하는 것이 무서워 아무것도 하지 못한다면 우리는 정말 저들의 말처럼 비천하고 쓸모없는 존재가 되는 거라는 생각도 들었습니다. 우리를 멸시하고 짐승처럼 취급하는 왜놈들에게 당당히 외치고 싶었어요. 우리는 사람이고, 이 땅의 당당한 주인이라고요.

어린 소녀의 몸으로 나라와 민족을 위해 너무나 큰 희생을 하게 해서 조선의 어른으로서 안타깝고 미안한 마음이 듭니다.

저는 희생이라고는 생각하지 않습니다. 나이가 어리거나 여자라고 해서 조선 사람이 아닌가요? 저희는 조선 사람으로서 빼앗긴 나라를 되찾기 위해 당연히 할 일을 한 것뿐입니다.

유관순 열사 생가지
충남 천안시 병천면 용두리에 위치한 유관순 열사의 생가지 모습이다. 열사가 태어나고 자란 건물은 만세 운동 당시 일본 관헌들에 의해 전부 불태워졌고, 현재는 1991년에 복원한 초가집을 볼 수 있다.

유 열사의 뜻을 마음에 깊이 새기고 저도 조국의 독립을 위해 더욱 노력하겠습니다. 마지막으로 이화 학당 학우들을 비롯해 조선의 소녀들에게 전하고 싶은 말씀이 있으신가요?

일본 경찰들이 그러더라고요. 어린 계집애들이 뭘 안다고 만세 운동을 벌였겠느냐, 누가 뒤에서 시키고 조종한 게 틀림없다고요. 하지만 저희는 스스로 생각하고 판단해서 만세 운동을 한 거예요. 그리고 앞으로도 이 길을 계속 걸어 나갈 것입니다. 조선이 독립하는 그날까지 여러분도 저희와 함께해 주실 거라 믿습니다.

기자는 독립을 향한 유관순의 뜨거운 열정을 마음에 새기며 형무소를 나왔다. 하지만 석방을 겨우 이틀 앞둔 1920년 9월 28일, 유관순이 결국 옥중에서 순국하고 말았다는 비보가 날아들었다. 기자는 불꽃처럼 살다 간 유관순의 명복을 빌며 서대문 형무소를 향해 두 번 절을 올렸다.

— ○○○ 기자

유관순 열사상
충남 천안에 위치한 유관순 열사 유적지에 세워진 만세 동상이다. 독립을 향한 열사의 숭고한 뜻을 기리기 위해 건립된 천안 유관순 열사 유적에는 추모각, 봉화탑, 기념관, 생가지 등이 있다.

나혜석

편견의 벽을 넘어 자유를 꿈꾸다

여자이기 이전에 사람이 되고 싶다

한 줄기 바람에 수양버들 가지가 춤추듯 흔들렸다. 이마에 맺힌 땀을 기분 좋게 닦으며 혜석은 공연히 코를 킁킁거렸다.

"으음, 조선의 냄새!"

일본 도쿄 여자 미술 학교로 서양화를 배우러 떠난 지 3년만에 돌아온 고향이었다. 오랜만에 밟은 조선의 땅은 공기마저 따스하고 정답게 느껴졌다. 저 멀리 낯익은 기와집이 보였다. 커다란 대문이 어서 오라는 듯 활짝 열려 있었다. 혜석의 발걸음이 점점 빨라졌다.

하지만 막상 집 앞에 도착해서는 섣큼 안으로 들어서지 못하고 머뭇거렸다. 졸업까지 1년이나 남았는데 아버지가 당장 돌아오라고 성화를 한 이유를 대강 짐작했기 때문이었다. 혜석이 손때 묻어 반질반질한 대문의 나뭇결을 쓰다듬고 있을 때였다.

"혜석이 아니냐?"

"어머니!"

"야윈 것 좀 봐라. 타지에서 잘 먹지도 못하고 지내는 모양이구나."

딸의 볼을 쓰다듬는 어머니의 눈에는 눈물이 글썽거렸다.

"아니에요. 오는 길에 뱃멀미를 해서 그래요."

문간에서 모녀가 주고받는 소리에 사랑문이 세차게 열렸다.

"왔으면 어서 들어올 것이지 뭐하고 섰느냐."

아버지의 호령에 혜석은 숨을 크게 들이쉬고는 사랑으로 들어섰다. 혜석이 자리에 앉기 무섭게 아버지가 대뜸 던진 말은 역시 예상대로였다.

"네 나이 벌써 스물이다. 마침 적당한 집안에서 혼처가 들어왔으니 그리로 시집가거라."

"저는 아직 그림 공부를 마치지 못해서……."

혜석은 집까지 오면서 속으로 몇 번이나 연습했던 대로 공손히 대답하려 했다. 하지만 아버지는 버럭 성을 내며 혜석의 말을 잘라 버렸다.

"공부는 그만큼 했으면 됐다. 아무리 개명한 세상이라지만 그러다 혼기를 놓치기라도 하면 어쩔 셈이냐!"

"시집가지 않고 혼자 살면 되지요."

"뭐야? 여자가 혼자 어떻게 살겠다는 게냐?"

"제가 벌어서 먹고살지요."

"기가 막힌 소리! 듣자 하니 네가 도쿄에서 발표한 글을 두고 유학생들이 떠들썩했다더구나. 남자가 어쩌고 여자가 어쩌고 하며 발칙한 소리를 했다던데."

"여자에게는 늘 현명한 어머니, 좋은 아내가 되라 이르면서, 남자에게 현명한 아버지, 좋은 남편이 되라고 교육하는 법은 들어본 적이 없습니다. 여자는 언제나 남자의 뜻에 순종하라고만 가르치니 그것은 여자를 노예로 만들려는 의도가 아니냐는 글을 썼습니다."

혜석의 말에 아버지는 시뻘겋게 달아오른 얼굴로 긴 담뱃대를 땅땅 내리쳤다.

"허허! 과년한 딸을 밖으로 내돌렸더니 고약한 물이 단단히 들었구나. 애초에 네 오라비 말을 듣고 널 유학 보내는 게 아니었는데."

"다시 말씀드리지만 전 지금 시집갈 생각이 조금도 없습니다. 도쿄로 돌아가서 그림 공부를 마치겠어요."

"네 멋대로 하거라. 하지만 앞으로 학비는 단 한 푼도 줄 수 없다!"

혜석은 주저하지 않고 벌떡 일어섰다.

'죄송합니다, 아버님. 하지만 저는 여자이기 이전에 먼저 사람이 되고 싶습니다.'

혜석은 하고 싶은 말을 속으로 삼키며 등을 돌리고 앉은 아버지께 절을 올렸다. 그리고 여주에 가서 보통학교 교사로 1년 동안 학생들을 가르쳤다. 마침내 학비를 마련한 혜석은 다시 도쿄로 떠났다.

혼인의 세 가지 조건

혜석이 뜻대로 학업을 마치고 돌아왔을 때 조선은 큰 파도로 술렁이고 있었다. 1919년 3월, 온 백성이 독립을 부르짖는 만세 운동의 물결이 일어난 것이었다. 선교사가 운영하는 이화 학당 기도실에 밤을 틈타 십여 명의 여성들이 비밀리에 모였다. 김마리아, 박인덕, 신준려 등 이화 학당이나 정신 여학교의 교사들이었다. 그 자리에 나혜석도 함께했다. 김마리아가 먼저 입을 열었다.

"지난 2월 8일, 조선 유학생들이 도쿄에 모여 독립 선언을 했어요. 지금이 조선의 독립 의지를 세계만방에 알릴 수 있는 기회입니다. 제가 일본 여인으로 변장하고 옷 속에 독립 선언서를 숨겨서 가져왔어요. 조선에서도 독립운동이 일어날 수 있도록 여러분이 힘을 모아 주세요."

"쉽지 않은 길이 될 겁니다. 일제 군경에 잡혀가 온갖 수모를 겪는 것은 물론이고, 목숨을 내놓아야 할 수도 있어요."

누군가의 신중한 말에 기도실에는 잠시 고요한 정적이 흘렀다. 하지만 곧 씩씩한 목소리가 가라앉은 분위기에 다시 불을 지폈다.

"우리는 조선에서 신식 교육을 받은, 몇 안 되는 여성들이에요. 우리가 앞에 나서지 않으면 누가 나서겠어요?"

그 말에 모두 고개를 끄덕였다.

"나라를 되찾는 데 남자 여자 가릴 것 있나요?"

"맞아요. 우리가 여성의 힘을 하나로 모읍시다!"

혜석은 만세 운동을 지도하기 위해 결성된 조직에서 간사로 선출되었다. 개성과 평양에서 만세 운동을 함께할 동지들을 모으고 독립 자금을 구하는 한편, 독립 선언서를 전하며 진명 여학교의 학생들이 독립의 횃불을 높이 치켜들도록 도왔다. 그러다가 결국 일제의 경찰에 검거되어 5개월간 옥살이를 하게 되었다.

교토 제국 대학 법학과를 졸업한 청년 김우영은 일본에서 혜석의 소식을 전해 들었다. 그는 유학 시절 만나 사랑에 빠진 혜석을 변호하기 위해 서둘러 변호사 자격을 갖추어 경성으로 왔다. 그가 도착했을 때 혜석의 재판은 이미 끝난 상태였지만, 우영은 3·1 운동으로 재판을 받게 된 사람들의 변론을 맡아 '만세 변호사'로 불렸다.

김우영은 감옥에서 나온 나혜석에게 청혼을 했다. 아버지 앞에서 시집가지 않겠다고 선언한 혜석이었지만, 우영의 극진한 마음에 결심이 흔들렸다. 하지만 그냥 혼인을 허락할 혜석이 아니었다.

"세 가지 조건이 있습니다."

우영은 당돌한 혜석의 말이 당황스럽기도 하고 우습기도 했지만 침착하게 물었다.

"혼인하는 데 조건이 있소? 그게 무엇이오?"

"첫째, 일생을 두고 지금과 같이 나를 사랑해 주십시오."

"알겠소. 내 다짐하리다."

"둘째, 제가 그림 그리는 것을 방해하지 마십시오. 혼인하여 살림을 꾸리고 아이들을 낳아 기르더라도 저는 계속 일을 할 것입니다. 그것을 존중해 주지 않는다면 혼인하지 않겠습니다."

"좋소. 그것도 약속하겠소."

"시어머니와 함께 살면 저의 생활에 간섭과 침해를 받을 것이 분명합니다. 며느리로서 도리를 다하겠으나 시어머니와는 따로 살게 해 주십시오. 그것이 마지막 조건입니다."

우영은 잠시 난처한 기색을 보였다. 그러나 곧 흔쾌히 동의했다. 그렇게 해서 나혜석은 김우영과 결혼식을 올렸다. 하지만 혜석이 내건 '혼인의 세 가지 조건'은 뭇사람들의 입방아에 오르내렸다. 특히 시어머니와 따로 살겠다는 말을 두고 흉보는 사람들이 많았다.

"여자가 시집을 가면 시부모 봉양을 잘하는 것이 첫째 덕목인데, 그걸 안 하겠다면서 혼인은 왜 하나?"

"공부만 많이 하면 뭐 해. 기본적인 인간의 도리도 안 하려고 들면서."

그러나 혜석에게는 사람들의 수군거림보다 더 중요한 것이 있었다. 결혼과 동시에 '나'라는 존재를 지워 버리고 한 남자의 아내로, 시댁의 며느리로만 살아가고 싶지 않다는 강한 바람이 그것이었다.

자식은 어머니의 살점을 떼어 가는 악마요

행복하고 단란한 결혼 생활을 하던 어느 날 아침이었다. 혜석은 속이 메스꺼운 느낌에 잠에서 깼다. 신선한 공기를 맡으면 나아질까 싶어 일어나 창을 열었지만, 이웃집에서 나는 된장찌개 냄새에 급기야 욕지기가 치밀어 올라 헛구역질까지 하고 말았다. 남편 우영이 걱정스러운 얼굴로 다가와 물었다.

"왜 그러오?"

"요 며칠 계속 속이 안 좋아요."

혜석은 얼굴을 잔뜩 찌푸린 채 대답했다. 그러자 우영은 얼굴이 환해지며 물었다.

"당신 혹시 태기가 있는 것 아니오?"

"네?"

"아무래도 그런 것 같소. 우리 부부에게 아기가 생긴 거요."

혜석은 그만 겁이 덜컥 났다. 결혼은 했지만, 아기를 낳고 어머니가 될 마음의 준비는 아직 하지 못한 탓이었다. 어린 시절 보아 온 동네 아낙들은 아기를 낳고 또 낳았다. 그리고 아이들을 먹이고 입히고 돌보는 일에 매달려 젊음을 모조리 바쳤다.

'나는 그렇게 살고 싶지 않아. 자식을 위해 삶을 희생하기에는 아직 하고 싶은 일도, 해야 할 일도 너무 많아.'

나혜석은 조선 여성으로는 최초로 유화를 전공한 화가였다. 그림 실력을 더 갈고닦아야 했고, 미술 전람회에 출품해서 실력을 인정받고 싶기도 했다. 화가라면 누구나 꿈꾸듯 전시회를 열고 싶은 소망도 있었다. 그뿐인가. 억압받는 식민지의 백성이자 천대받는 여성으로서 어떻게 살아가야 하는지 이제야 조금씩 깨달아 가는 중이었다. 오래 공부하고 교육받은 조선의 여성 지식인으로서, 자신이 배우고 생각한 바를 글을 통해 널리 알리는 것도 미룰 수 없는 일이었다.

'하지만 아기를 낳는 순간, 이 모든 꿈은 물거품이 되어 버리고 말 것이다.'

그동안 주변 사람들이, "여자가 공부는 해서 무엇하겠소. 시집가서 아이 하나만 낳으면 볼일 다 보았지."라고 비웃을 때마다 자신은 다를 거라고 다짐해 왔는데……. 그동안의 노력이 모두 말짱 헛것이 되고 만다고 생각하니 혜석은 서럽고 원통하기 그지없었다. 차라리 모든 것이 꿈이었으면 하는 생각까지 들었다. 혜석은 마음이 다급해졌다. 곰곰이 생각한 끝에 그는 남편에게 선포했다.

"시간이 없어요. 지금 당장 일본으로 가서 그림 공부를 하겠어요."

혜석은 일본에서 몇 개월을 보내며 온종일 그림에만 매달렸다. 하루가 다르게 배가 불러 오는 느낌이 혜석을 재촉하는 듯했다. 만삭이 되어 조선으로 돌아온 혜석은 경성일보사 안의 내청각에서 유화 70여점을 소개하는 개인전을 열었다. 결과는 대성공이었다. 경성에서 열린 최초의 서양화 개인전인 데다 〈동아일보〉에 실린 기사대로 '여자로서 전람회를 여는 것은 조선 처음'이었기 때문에 그만큼 많은 이들의 관심이 쏟아졌다.

화가로서의 기쁨과 영광을 채 누릴 새도 없이, 혜석은 첫 아이를 낳았다. 출산의 고통은 상상하던 것보다 더욱 심했다.

"뼈를 박박 긁는 듯하고 살을 쫙쫙 찢는 듯하고 오장이 뒤집혀 쏟아지는 듯하구나. 하지만 산 넘어 산이라더니, 그보다 더 힘든 일이 있을 줄이야."

그것은 밤낮없이 우는 갓난아기를 돌보는 일이었다. 혜석은 첫 아기를 낳고 기르며 느낀 솔직한 감정과 생각을 담은 〈모(母)된 감상기〉를 잡지 《동명》에 발표했다.

모든 것을 잊고 곤한 잠에 빠져 있을 때 별안간 고요를 깨뜨리는 어린 아이의 울음소리가 벼락처럼 난다. 나의 영혼은 꽃밭에서 친구들과 웃으며 평화의 노래를 부르다가 참혹히 쫓겨나고 만다. 겨우 먹여 재우고 나서 어찌어찌 다시 잠들 듯하면 또다시 바스스 일어나 못살게 군다. 견딜 수 없는 고통을 몇 달간 겪다 보니 피곤이 극에 달하여 내 몸은 마치 도깨비같이 해골만 남았다. 자식이란 어머니의 살점을 떼어 가는 악마로구나.

아기를 낳고 기른 여성이라면 누구나 겪었고 공감할 만한 내용이었다. 하지만 그동안 조선의 여성들은 출산과 육아의 고통을 말없이 참고 견뎌야만 했다. 나혜석이 처음으로 '글'이라는 공식적인 수단을 통해 여성의 고통을 밖으로 드러낸 것이었다. 그의 도전에 또다시 무수한 비난이 쏟아졌다.

"자식을 악마라고 하다니, 어미 될 자격이 없는 여자가 아닌가."

"나혜석이라는 신여성이 신성한 모성애를 더럽히는구나."

드러내 놓고 표현하지는 못했지만 혜석의 글에 마음 깊이 공감하는 여성들도 많이 있었다.

"어찌나 내 마음과 똑같은지 깔깔 웃다가 엉엉 울다가 하면서 몇 번이나 읽었지 뭐야."

"아이를 낳고 기르는 게 힘들다고 느낄 때마다 나는 모성애가 없는 어미가 아닌가 자책하며 눈물지었는데, 이 글이 얼마나 위로가 되었는지 몰라."

백결생이라는 필자는 곧장 나혜석의 글에 반박하는 글을 써서 잡지에 발표했다.

"임신은 하늘이 여성에게 내린 거룩한 명령이며 여성이 지켜야 할 가장 큰 의무라는 것을 깨달아야 한다."

자신을 비난하는 글에 대해 혜석의 대답은 명쾌했다.

"나는 양심에 비추어 부끄럽지 않게 내 감정을 솔직하게 썼을 뿐이다."

혜석은 큰딸에게 '김우영과 나혜석의 기쁨'이라는 뜻을 담아 '김나열(悅, 기쁠 열)'이라는 이름을 지어 주었다. 남들이 뭐라든 혜석은 첫딸 나열을 키우며 어엿한 어머니가 되었고, 아래로 세 아들을 더 낳았다. 모성애는 타고나는 것이 아니라 아이를 키우며 자연스럽게 자라나는 것이라는 자신의 주장을 몸소 증명이라도 하듯 말이다.

만주에서 의열단을 돕다

만주 안동현(지금의 단둥)의 영사관 사택. 부영사가 된 남편을 따라 만주에 온 혜석이 한창 그림 그리기에 열중하고 있을 때였다.

똑똑.

조심스럽게 문 두드리는 소리가 들렸다.

"아씨, 손님들이 오셨습니다."

"무슨 손님?"

"그게 저······."

하인이 난처한 기색으로 우물쭈물하자, 혜석은 곧 눈치를 챈 듯 말했다.

"들어오시라고 해요."

몇 명의 젊은이들이 방으로 들어왔다. 하나같이 굳은 얼굴이었다.

"어떻게들 오셨소?"

한 청년이 작은 목소리로 속삭였다.

"실은 박기홍 동지께 소개를 받고 왔습니다."

혜석은 자리에서 일어나 문을 닫아걸고 창문도 내렸다. 주변에 아무도 없는 것을 확인하고는 은밀하게 물었다.

"그렇다면 의열단 동지들이오?"

청년들은 서로 눈짓을 주고받고는 고개를 끄덕였다.

"부영사 부인께서 야학을 운영하며 만주에 있는 조선 여학생들의 교육에 힘쓰고 계시다 들었습니다. 또 남몰래 의열단의 활동에도 도움을 주고 계시니 틀림없이 이번에도 힘이 되어 주실 거라고……."

"얼마 전 대규모의 폭탄과 무기를 경성으로 운반하는 일에 도움을 준 일이 있어요. 조선 총독부를 비롯해 일제의 주요 관공서를 폭파할 목적이라고 하더군요. 이번에도 비슷한 일이오?"

"그렇습니다. 폭탄과 권총 몇 자루입니다."

청년이 커다란 가방을 들어 보였다.

"어디로 가시오?"

"열차를 타고 신의주로 가려고 합니다."

혜석은 곧바로 종이를 꺼내 일제의 이동 경찰 앞으로 편지를 썼다.

'위 사람은 안동 영사관에서 신분을 보증하니 이동에 편의를 부탁드립니다.'

그리고 도장을 찍어 청년에게 내밀었다.

"이 편지를 보이면 국경을 통과하는 데 큰 어려움은 없을 것입니다. 혹시 다른 문제가 생기면 제가 국경까지 동행해 드리지요."

청년은 허리를 깊이 숙여 인사했다.

"정말 감사합니다."

"아니오. 젊은이들이 나라를 위해 목숨 바쳐 힘쓰는 데 작은 도움이라도 줄 수 있어 다행이오. 열차는 언제 출발하오?"

"내일 아침입니다."

"그러면 오늘 밤은 우리 집에서 편히 쉬다 가시오. 곧 저녁 식사를 준비하겠소."

혜석은 일제 치하에서 고위층의 아내로 지내기는 했지만 늘 민족의 자부심을 지키고자 했고, 위험을 감수하며 독립운동을 하는 이들을 힘닿는 대로 도왔다.

세계 여행과 이혼 고백장

"여보, 젊었을 때 돈 벌어서 늙거든 실컷 세계 일주나 하는 게 어떻겠소?"

남편 우영의 말에 혜석은 대뜸 대꾸했다.

"구경도 기운이 있어야 하지요. 희로애락의 감정이 칼날같이 예리할 때, 보고 듣는 것마다 시요, 음악이요, 미술로 와닿을 때, 물 끓듯 하는 가지각색 감상이 모조리 사상이 될 때 떠나야지, 다 늙어서 가면 뭘 하오?"

젊어서 세계를 여행하고 싶다는 혜석의 바람은 뜻밖에도 머지않아 이루어졌다. 일본 외무성이 만주 안동현 부영사인 김우영에게 유럽과 미국을 시찰하도록 명령했던 것이었다.

남편과 함께 떠나게 된 혜석은 두 가지 꿈에 부풀었다. 우선 서양화가로서 동경해 마지않던 프랑스 파리에 가서 선진적인 미술의 세계를 직접 보고 배우고 싶었다. 또 서구 사회에서 특히 여성들이 어떻게 살아가는지 자세히 살펴보고 싶었다. 혜석은 식민지 조선에서 이중으로 억압받고 차별받는 조선 여성들의 처지에 깊이 절망하고 있던 차였다.

"어떻게 하면 남자와 여자가 평화롭게 살 수 있을까? 내가 늘 고민하던 문제의 해답을 어쩌면 그곳에서 찾을 수 있을지 몰라."

부부는 부산을 떠나 하얼빈에서 시베리아 횡단 열차를 타고 모스크바를 거쳐 프랑스, 벨기에, 네덜란드 등 유럽 각국을 돌아보고 미국까지 다녀왔다. 무려 1년 9개월 동안의 세계 여행이었다. 드넓은 세상에서 혜석은 '아내, 며느리, 엄마'라는 굴레를 모두 벗어 버리고, 오직 한 사람의 예술가가 되어 마치 새장에서 풀려난 새처럼 마음껏 자유를 누렸다.

하지만 꿈처럼 황홀했던 그 시간이 혜석의 삶을 돌이킬 수 없이 망가뜨리게 될 줄은 누구도 알지 못했다. 세계 여행에서 돌아온 지 얼마 지나지 않아 남편 우영이 던진 말은 혜석에게 날벼락과도 같았다.

"우리 이혼합시다."

"그게 무슨 소리요?"

사실 혜석은 파리에 머무는 동안 천도교 지도자 최린을 만나 사랑에 빠졌다. 하지만 자유로운 관계 속에서 더 큰 부부의 사랑을 지킬 수 있다고 생각했던 혜석은 남편과 헤어지고 싶지 않았다. 혜석은 거듭 용서를 빌었지만 끝내 남편의 마음을 돌릴 수 없었다.

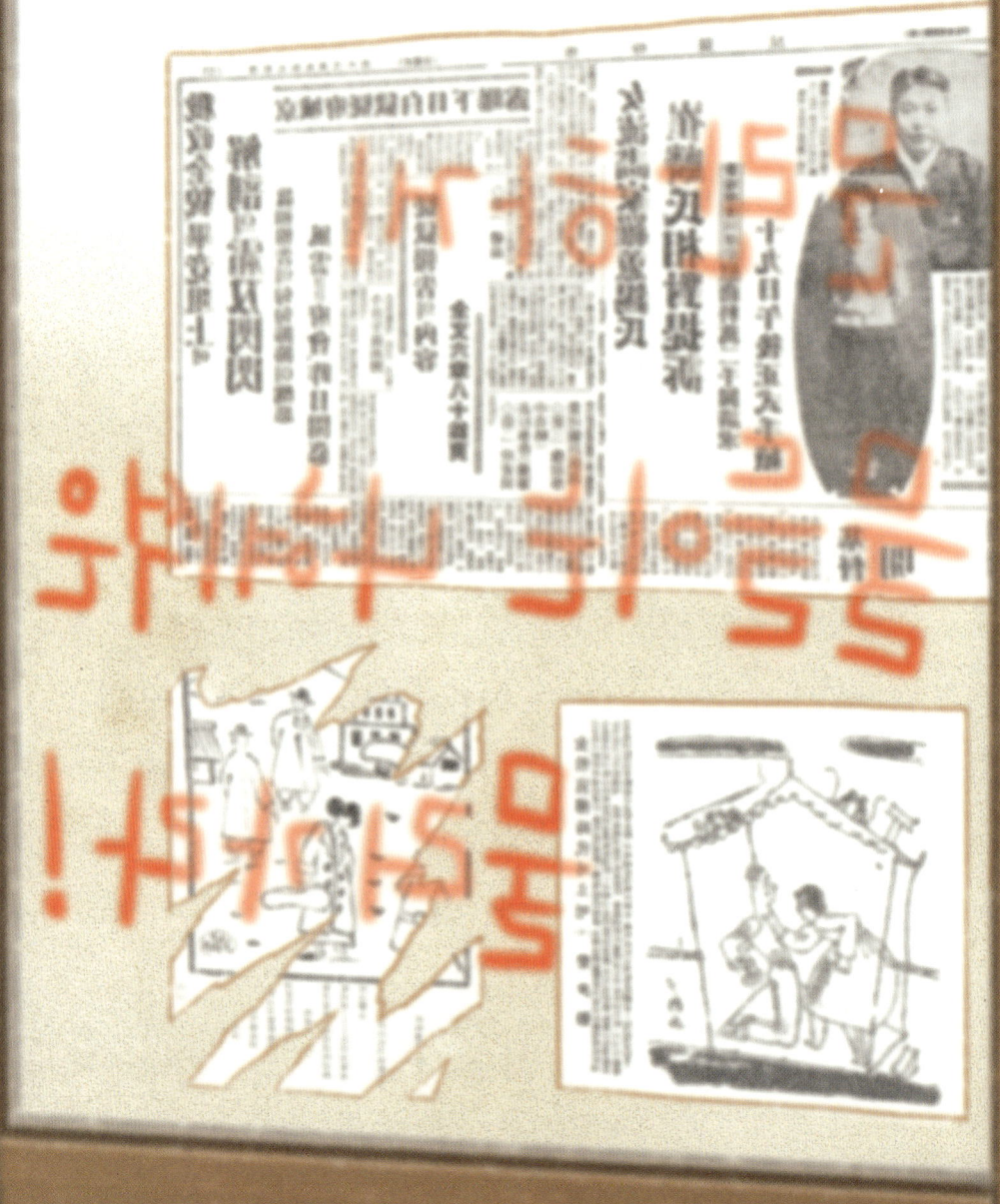

'조선 남자들은 혼인한 아내를 두고도 두 명, 세 명씩 첩을 들이는 경우가 흔하지 않은가. 일부일처제가 나라의 법이지만, 축첩하는 남자들이 벌을 받았다는 이야기는 들어 보지 못했다. 오히려 남편이 첩을 둔다고 질투하면 칠거지악이라고 하여 아내를 쫓아

낸다. 조선 사회는 남자의 정절에는 그리도 너그러우면서 왜 여자에게만 정절을 강요할까?'

결국 이혼장에 도장을 찍은 혜석은 잡지 《삼천리》에 〈이혼 고백장〉이라는 글을 발표했다.

조선 남성은 참 이상합니다. 자기는 정조 관념이 없으면서 아내에게나 다른 여성에게는 정조를 요구합니다. 그러면서 또 남의 정조를 빼앗으려고 합니다.

혜석의 솔직하고 당당한 글에 경성은 발칵 뒤집혔다. 바람을 피우고도 부끄러움을 모르는 여자라며 온갖 비난과 욕설이 쏟아졌다. 최린 역시 가정이 있었지만, 비난의 화살은 오직 혜석에게만 날아왔다. 같은 잘못을 해도 남자에게는 너그럽고 여자에게만 가혹했던 조선 사회의 불공평함에 혜석은 온몸을 던져 저항하고 싶었다.

'모두가 나를 때리고 욕하고 저주하는구나. 하지만 나는 기필코 다시 일어나리라. 결국은 운명의 줄에 얽혀 없어질지라도 애태우고 괴로워하며 몸부림이라도 쳐 보리라.'

나는 사람이라네

남편의 아내 되기 전에

자녀의 어미 되기 전에

첫째로 사람이라네

— 나혜석이 지은 노랫말 〈노라〉 중에서

나혜석(1896~1948)

〈이혼 고백장〉으로 세상을 떠들썩하게 했던 화가 나혜석 여사가 서울 수송동에 여자미술학사를 열었다고 하여 찾아가 보았다. 사람의 발자취가 뜸한 한적하고 높은 지대에 작은 목조 건물이 있었다. 이곳이 조선 최초의 여성 미술 연구소이다. 나혜석 여사는 근래 겪은 일들로 몸과 마음이 몹시 지쳐서인지 서른일곱이라는 나이에 비해 상당히 연로해 보였고, 계속 손을 떠는 것으로 보아 건강도 좋지 않은 듯했다.

여성들의 숨은 재주를 발휘시키기 위해 특별히 여자미술학사를 세우셨다고 들었는데, 미술을 배우고자 하는 여성들이 많이 찾아옵니까?
웬걸요, 몇 되지 않는 수강생들도 모두 빠져나가고 없습니다. 이혼했다는 소문이 퍼지니 행여나 딸자식들이 물들까 염려되어서인지 앞다투어 데려가더군요. 조선 사회란 데가 이렇습니다. 허허.

외람된 질문입니다만, 수강생이 없는데 생계는 어떻게 꾸려 가세요? 이혼할 때 전남편에게 재산도 거의 받지 못하셨다고 들었는데요.

어렵게 전시회를 열어 보았지만 작품이 전혀 팔리지 않았고, 직장을 구하기도 어려운 처지라 실은 생계를 꾸리기가 몹시 어려운 상황입니다. 간간이 잡지에 글을 쓰고 친척이나 친구들에게 손을 벌리기도 하면서 근근이 살아가고 있지요.

조선 미술전과 일본 제국 미술전에서 몇 번이나 수상하실 정도로 능력이 출중한 화가이신데 정말 안타깝네요. 아무래도 이혼녀라는 딱지 때문이라는 생각이 들지 않을 수 없는데요. 혹시 〈이혼 고백장〉을 발표해서 세상에 이혼 사실을 널리 알린 일을 후회하지는 않으세요?

불쑥불쑥 후회될 때가 왜 없겠어요. 하지만 다시 돌아간대도 저는 같은 선택을 할 겁니다. 남자와 여자는 같은 사람이지만 똑같이 대접받지 못합니다. 남자는 본처 이외에 첩을 두거나 공개적으로 다른 여성과 결혼식을 올려도 아무 상관없지만 여자는 다르지요. 사회적 비난은 물론이고 형사 처벌까지 받게 됩니다. 분명히 잘못된 일이지요. 하지만 모두 다 입 다물고 있으면 계속 그대로 갈 뿐이에요. 여성들이 나서서 비난받지 않으면 우리의 역사는 어찌 되겠어요? 우리 조선 여자 중에 누구라도 나처럼 가치 있는 욕을 먹는 자가 있다면 나는 안심입니다.

화실에 불단을 만들고 불상까지 모셔 놓으셨네요. 불교에 귀의하신 건가요?

나처럼 세상의 온갖 일에 많이 부대낀 사람에게는 부처님이 다시없는 위안이지요. 인생사 모두 덧없다는 가르침을 주시니까요. 실은 아예 머리 깎고 여승이 될까 생각해 본 적도 있지만, 그건 또 나랑은 좀 안 맞는 것 같고…….

너무 잔인한 질문인 것 같아 미리 죄송하다는 말씀을 드리고 여쭈겠습니다. 요즘 무척 힘든 시간을 보내고 계실 텐데 지금 가장 힘든 점은 무엇인가요?

저는 조선에 있지 못할 사람으로 낙인이 찍혔으니 여기서는 모든 것이 다 고통스러울 뿐입니다. 첫째, 사회적으로 배척을 받으니 생활이 안정될 수가 없어 힘들지요. 둘째, 가족과 친척들이 나를 부끄러워하고 불쌍히 여기니 그도 퍽 힘들지요. 특히 둘째 오라버니는 어릴 때부터 영특하다며 저를 무척 아꼈고 앞장서서 일본으로 유학까지 보내 주었는데, 이번 일로 실망이 너무 커서 저를 만나려고 하지도 않습니다. 저도 마음이 몹시 아프지요. 하지만 그런 것들은 다 이겨 낼 수 있어요. 내 살을 에는 듯, 내 뼈를 긁어내는 듯한 고통은 우편배달부가 전해 주는 딸과 아들의 편지이지요. "어머니, 보고 싶어!" 하는 그 말이지요.

지면을 빌려 자녀들에게 한 말씀 남기시겠어요?

사남매 아해들아! 어미를 원망치 말고, 사회 제도와 잘못된 도덕과 법률과 인습을 원망하거라. 네 어미는 과도기에 선각자로 그 운명의 줄에 희생된 자였더니라.

기자는 나혜석 여사의 건강을 빌며 여자미술학사를 나왔다.

그로부터 십여 년이 흐른 뒤, 나혜석 여사가 극도의 신경 쇠약으로 반신불수의 중풍 환자가 되어 서울 인왕산 밑에 있는 청운양로원에 수용되었다는 소식이 들려왔다. 답답한 양로원 생활을 견딜 수 없었던 나 여사는 행려병자가 되어 길을 떠돌다가, 무연고자 병실에서 신분을 밝히지 않은 채 홀로 쓸쓸히 눈을 감았다고 한다.

당당히 비난받고자 용기 내어 나섰지만, 여성이라는 이유로 너무나 가혹한 형벌을 받아야 했던 나혜석 여사. 철저한 가부장 사회에서 편견의 벽을 넘지 못하고 스러져 간 그의 명복을 빈다.

— ○○○ 기자

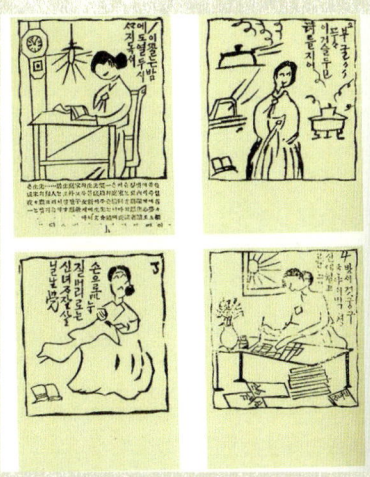

〈김일엽 선생의 가정생활〉
1920년 여성 잡지 《신여자》 제4호에 실린 나혜석의 판화. 조선의 대표적인 신여성이었던 일엽 김원주의 하루를 4칸 만화로 표현한 삽화이다.

권기옥

나라를 되찾기 위해 하늘을 날다

꿈이라도 꾸어 볼 테야

"부우우웅!"

요란한 소리가 귀청을 찢을 듯 울려 퍼졌다.

"이야! 난다, 날아!"

구름처럼 모여든 사람들 사이에서 연달아 환호와 박수가 터져 나왔다. 아이들은 발을 구르며 좋아했다. 약속이라도 한 듯 모두의 눈길이 쏠린 것은 경성의 하늘을 거침없이 가르는 비행기 '붉은 날개'였다. 미국인 비행사 아트 스미스가 곡예비행을 선보이는 중이었다.

열일곱 살 소녀 기옥은 구경꾼들 사이에서 넋을 놓고 하늘을 바라보고 있었다. 그런데 잘 날던 붉은 날개가 갑자기 활주로를 향해 곤두박질하듯 내리꽂혔다.

"에구머니! 저걸 어째!"

기옥은 저도 모르게 두 손에 얼굴을 파묻었다.

"와아!"

사람들의 환호성에 슬그머니 고개를 들어 보니 붉은 날개가 언제 그랬냐는 듯 다시 멋지게 날아오르는 것이었다. 기옥은 가슴을 쓸어내렸다. 그 뒤에도 몇 번이나 붉은 날개는 아찔하게 떨어질 뻔하다가는 다시 날아오르는 묘기를 선보였다. 그럴 때마다 사람들은 손에 땀을 쥐며 탄성을 내질렀다.

이윽고 붉은 날개가 하늘 높이 솟아오르더니 꽁무니에서 하얀 연기를 뿜기 시작했다. 가만 보니 비행기가 지나간 자리마다 공중에 남은 연기 모양이 학교에서 배운 알파벳처럼 보였다.

"p… e… a… c… e…… 평화?"

비행사가 하늘에 '평화'라는 글씨를 새긴 것이었다. 기옥은 감탄하며 하늘을 향해 손이 아프도록 박수를 보냈다.

그날 밤, 자리에 누워서도 기옥은 가슴이 뛰고 눈이 말똥말똥했다. 하늘을 자유롭게 날아다니는 붉은 날개의 멋진 모습이 머릿속에서 떠나질 않았다.

"…나도 할 수 있을까?"

"뭘 말이야?"

옆에 누운 여동생이 물었다.

"아까 본 비행사처럼 나도 언젠가는 비행기를 조종할 수 있을까?"

"갈례 언니, 말이 되는 소릴 해. 남자들도 하기 어려운 걸 여자가 어떻게 하겠다는 거야? 그리고 비행기 조종을 하려면 공부도 많이 해야 할 텐데, 소학교도 안 보내 주는 부모님이 그런 공부를 시켜 주겠어?"

동생은 혀를 끌끌 차더니 이불을 뒤집어썼다. 동생의 말처럼 그건 정말이지 너무나 큰 꿈이었다. 자신의 처지를 생각하자 기옥은 한숨이 절로 나왔다.

기옥은 집에서 '갈례'라고 불렸다. 큰딸에 이어 둘째마저 딸이 태어나자 아버지가 홧김에 빨리 가 버리란 뜻으로 '갈례'라고 이름을 지은 것이었다. 그런 부모님이 딸을 학교에 보내 줄 리 없었다. 기옥은 열한 살 때부터 은단 공장에 다니며 돈을 벌어야 했다. 보다 못한 목사님이 기옥을 교회에서 세운 학교에 장학생으로 받아 준 덕에 기옥은 겨우 소학교에 다닐 수 있었다.

'비행기 조종은 대체 어딜 가면 배울 수 있을까? 우리 조선에도 비행기가 있긴 할까? 빼앗긴 나라의 백성인데다 딸이라고 집에서

도 차별받는 내가 과연 비행사가 될 수 있을까?'

모든 것이 암흑투성이였다. 사실 희망이라고는 송곳만큼도 품기 어려운 상황이었다. 하지만 기옥은 개의치 않았다.

"꿈이라도 꾸어 볼 테야. 꿈꾸는 건 내 자유잖아?"

기옥은 어느새 쿨쿨 잠들어 버린 동생 곁에 누웠다. 커다란 꿈을 가슴에 품으니 갑자기 큰사람이 된 기분이었다. 기옥은 행복한 미소를 지은 채 잠에 빠져들었다.

독립을 향한 열망으로

"기옥아, 너 송죽회가 무슨 의미인 줄 알고 있니?"

"송죽(松竹)은 소나무와 대나무이지요. 민족에 대한 변함없는 절개를 뜻하는 것입니다."

"그래, 우리 숭의 여학교의 송죽회는 조국이 독립하는 날까지 변치 않고 싸울 것을 맹세한 여성들의 비밀 결사대란다. 오직 나라와 겨레를 위해 목숨을 바칠 각오가 된 이들만이 송죽회의 형제가 될 수 있지. 기옥이 너는 준비가 되었니?"

"저는 숭현 소학교에서 김경희 선생님께 우리 역사를 배웠어요. 자랑스러운 우리 겨레가 왜 일본에 짓밟혀 수모를 당해야 하는지 항상 가슴이 답답했어요. 선생님, 저는 나라를 되찾기 위해 모든 걸 바칠 준비가 되어 있습니다."

"우리는 독립 자금을 모아 임시 정부에 보내고, 각지에 흩어진 독립운동가를 찾아다니며 비밀리에 연락을 전하기도 한단다. 무척 위험한 일이지. 혹시 일제 경찰에 잡히더라도 절대 송죽회에 대해서 발설해서는 안 돼. 맹세할 수 있겠니?"

평양 경찰서에 잡혀 와 악랄한 고문을 당하는 기옥의 귓가에 오래전 박현숙 선생님의 음성이 메아리쳤다. 기옥은 저도 모르게 중얼거렸다.

"맹세합니다."

기옥은 자꾸만 가물가물해져 가는 의식을 애써 붙잡으려 안간힘을 썼다. 멍든 눈두덩이가 퉁퉁 부어올라 앞이 잘 보이지 않았다. 각목으로 두들겨 맞은 곳마다 말할 수 없는 통증이 밀려왔다. 기옥은 송죽회에 첫발을 들여놓던 날부터 언젠가 이런 날이 올 것을 각오하고 있었다.

다나카 형사가 기옥의 얼굴에 찬물을 와락 끼얹었다.

"임시 정부에서 독립운동 자금을 마련하기 위해 공채를 발행했지? 누가 조선에 공채를 들여왔나? 공채를 팔아 마련한 돈을 임시 정부로 어떻게 전달했지? 네가 알고 있는 사실을 모두 대라!"

기옥은 이를 악물었다.

"이보다 더한 고문을 해 봐라. 내 입에서는 아무 말도 듣지 못할 테니."

다나카 형사는 악에 받쳐 기옥을 더욱 심하게 때리고 고문했다. 기옥은 끝까지 입을 열지 않고 버티다 그만 까무러치고 말았다. 다나카 형사는 기옥을 검찰로 넘기면서 심문 조서에 쪽지를 덧붙였다.

'지독한 계집이다. 죽어도 말을 하지 않으니 검찰에서 단단히 다루기를 바란다.'

그 쪽지 때문에 기옥은 6개월이나 감옥에 갇혀 있어야 했다. 심하게 고문받은 탓에 기옥은 학질에 걸려 생사를 오갔다. 급기야 기옥이 의식을 잃고 혼수상태에 빠지자 일제는 서둘러 기옥을 풀어 주었다.

죽을 고비를 넘긴 기옥은 동지들과 함께 새로운 독립운동의 방법을 찾았다.

"여성들로 구성된 전도대를 만들 거예요. 전국을 돌면서 노래 부르고 악기도 연주하는 것이지요. 구경하는 사람들에게 독립 의지도 심어 주고, 군자금도 모금해서 임시 정부에 보내면 일석이조 아니겠어요?"

"좋은 생각이오, 권 동지. 여성 브라스 밴드라면 어딜 가든 눈길을 끌 테니 말이오."

"하지만 일제가 항상 권 동지를 감시하고 있으니 늘 조심해야 하오."

기옥은 전도대장이 되어 '평양 청년회 여자 전도대'를 이끌고 대구, 밀양, 경주 등 전국 방방곡곡을 누볐다. 일제 경찰의 삼엄한 감시 속에서도 전도대원들은 독립운동 자금을 마련하고 비밀 연락 업무를 수행하며 성공적으로 순회공연을 마치고 평양으로 돌아왔다.

하지만 그 뒤에도 기옥은 독립을 향한 노력을 멈추지 않았다. 어느 날 몇 명의 청년들이 남몰래 기옥을 찾아왔다.

"우린 대한 광복군 소속의 결사대원들입니다. 독립운동가를 잡아다 고문하는 경찰서와 도청을 폭파해서 조선 독립의 의지를 확실히 보여 줄 계획입니다. 권 동지를 찾아가면 도움을 줄 거라고 해서 왔습니다."

"어떤 도움이 필요하지요?"

"비밀리에 폭탄을 만들 장소가 필요합니다."

기옥은 곰곰이 생각한 끝에 어둠을 틈타 그들을 숭현 소학교로 데려갔다. 지하실에 있는 석탄 창고는 사방이 어둡고 수위 외에는 찾는 사람이 없어 숨기에 적당했다. 기옥은 학교에 다니던 시절부터 잘 알고 지내던 수위에게 청년들을 부탁했다.

"아저씨, 잘 부탁드립니다."

"걱정하지 말거라. 너도 부디 몸조심해라."

그리고 얼마 뒤, 조용하던 평안남도 도청에서 폭탄이 연달아 터졌다. 벽이 무너져 내리고, 일제 경찰 두 명이 죽었다. 평양 경찰서는 발칵 뒤집어졌고, 곧이어 독립운동가에 대한 대대적인 검거 열풍이 불었다.

"권기옥 동지는 조선을 떠나는 게 좋겠소. 이번에 잡히면 살아남지 못할 거요."

기옥은 잠시 생각하다가 이내 결심을 굳혔다.

"떠나기 전에 부모님께 인사는 드리고

싶어요. 앞으로 영영 뵐 수 없을지도 모르니까요."

하지만 마지막 인사를 채 나누기도 전에 경찰들이 집으로 들이닥쳤다. 기옥은 담을 넘어 남학교 기숙사로 숨어 들어가 간신히 경찰을 따돌릴 수 있었다. 그리고 얼굴에 검댕을 묻히고 대동강으로 가서 쪽배에 몸을 실었다. 진남포에서 사흘 밤낮을 걸어 송화로 간 기옥은 멸치를 나르는 중국인의 나무배에 올라타 임시 정부가 있는 상하이로 향했다. 망망대해에서 멀어지는 조선 땅을 바라보니 서글픔이 밀려왔다.

기옥은 고개를 들어 푸른 하늘을 바라보았다. '붉은 날개'가 하늘로 힘차게 날아오르던 광경이 눈에 선했다. 기옥은 마음속 깊이 다짐했다.

"지금은 쫓기듯 떠나지만, 나는 꼭 꿈을 이루어 조선으로 돌아올 테다."

꿈을 향해 첫걸음을 내딛다

"나는 임시 정부 군무총장 노백린이오. 만나서 반갑소. 권기옥 동지의 용감무쌍한 활약은 익히 들었소. 그래, 이곳 상하이에서는 조국의 독립을 위해 어떤 꿈을 펼치고 싶소?"

"저는 비행사가 되고 싶습니다. 비행기를 몰고 조선 총독부에 폭탄을 터뜨리고, 일본으로 가서 천황궁에 폭탄을 터뜨리는 것이 저의 꿈입니다."

노백린은 놀란 눈으로 기옥을 바라보았다.

"남자들도 겁내는 일을 여성 동지가 하겠다니 정말 대단하오. 나도 1차 세계 대전을 겪으면서 하늘을 지배하는 자가 전쟁에서 승리할 수 있다는 생각을 굳히게 되었소. 그래서 비행기를 두 대 마련하여 미국 캘리포니아 윌로스에 한인 비행 학교를 설립했지요. 우리 조선의 비행사 수십 명이 그곳에서 비행 훈련을 받았다오."

노백린의 말에 기옥은 심장이 튀어나올 듯이 뛰었다. 마침내 꿈을 이루게 되는 것일까. 기옥은 숨 쉴 틈도 없이 말했다.

"저도 그곳으로 보내 주세요. 지금 당장이라도 떠나겠습니다."

노백린은 어두운 얼굴로 고개를 가로저었다.

"왜 안 된다고 하시는 겁니까? 아무리 훈련이 힘들어도 최선을 다할 자신이 있습니다!"

"나도 권 동지를 보낼 수 있다면 좋겠소. 하지만 안타깝게도 한인 비행 학교는 재정 문제로 휴교하게 되었다오. 다시 문을 열기 위해 백방으로 노력하고 있으니 조금 더 기다려 주시오."

기옥은 실망하여 그만 고개를 떨구었다. 하지만 곧 다시 기운을 냈다.

"계속 공부하며 준비하고 있겠습니다. 한인 비행 학교가 문을 열게 되면 꼭 저를 불러 주십시오."

"약속하겠소, 권 동지."

기옥은 대신 항저우에 있는 홍따오 여학교에 입학해 영어와 중국어 공부에 힘을 쏟았다. 졸업한 뒤에는 임시 정부가 세운 학교에서 독립운동가 자녀들을 가르쳤다. 그렇게 몇 년이 흘렀지만,

한인 비행 학교는 끝내 다시 문을 열지 못했다.

'안 되겠어. 언제까지 앉아서 시간만 보내고 있을 수는 없어.'

기옥은 중국에 있는 항공 학교로 눈을 돌렸다. 중국에는 비행기를 갖춘 항공 학교가 세 군데 있었다. 그중 두 군데에 입학을 문의하는 편지를 띄워 놓고, 기옥은 설레는 마음으로 답장을 기다렸다. 하지만 돌아온 답변은 똑같았다.

"우리 학교는 남학생만 입학할 수 있습니다. 여학생은 안 됩니다."

기옥은 크게 실망했다. 여기까지 얼마나 힘들게 왔는데, 여자라는 이유로 꿈을 포기해야 한단 말인가. 이제 남은 학교는 한 군데뿐이었다. 쿤밍에 있는 윈난 항공 학교였다. 기옥은 짐을 꾸려 직접 쿤밍으로 떠나기로 했다. 그러자 임시 정부의 안정근 선생이 기옥을 말리고 나섰다.

"그곳까지 가는 건 너무 위험하다. 워낙 멀기도 하고, 곳곳에서 중국 군벌들이 전쟁을 벌이고 있어. 더구나 너는 일제 경찰에게 쫓기는 몸이 아니냐. 가다가 무슨 일을 당할지 몰라."

하지만 포기할 기옥이 아니었다.

"편지로 입학시켜 달라고 하면 보나 마나 답은 똑같을 거예요.

제가 직접 가서 담판을 짓는 수밖에 없어요."

안 선생은 차마 기옥의 뜻을 꺾을 수 없었다.

"정말 용감하구나. 네 뜻이 정 그렇다면 임시 정부의 추천서를 받아 가렴. 도움이 될 거다."

기옥은 머리카락을 밀짚모자로 감추고 남자 옷을 입고서 멀고도 험한 길을 떠났다. 기차도 타고 배도 타고 하염없이 걷기도 하면서 오직 비행사가 되겠다는 일념 하나로 목적지를 향해 갔다. 하지만 드디어 도착했다는 기쁨도 잠시, 기옥의 예상대로 윈난 항공 학교의 교장 선생님 역시 난색을 지었다.

"이곳은 남자 사관 학교입니다. 지금까지 단 한 번도 여학생이 입학한 사례는 없어요. 미안하지만 돌아가십시오."

기옥은 조선에서 상하이로, 다시 쿤밍으로 오기까지 무수히 고생했던 일들을 떠올렸다.

'여기에서 물러나면 끝장이야. 이곳은 내 꿈을 이룰 수 있는 마지막 기회다.'

기옥은 죽기 살기로 매달렸다.

"여자라고 해서 예외를 두실 필요 없습니다. 어떤 훈련이든 저는 남자들과 똑같이 해낼 수 있습니다. 제발 비행사가 되어 빼앗긴 나라를 되찾겠다는 저의 꿈을 저버리지 마십시오."

기옥의 간절한 호소에 교장 선생님은 결국 마음을 돌렸다. 마침내 윈난 항공 학교에 입학한 기옥은 비행사라는 꿈을 향해 첫걸음을 내딛게 되었다.

비행사의 꿈을 이루다

"드디어 첫 비행 적성 검사를 받는 날이구나. 떨린다, 떨려."

"조종사가 비행기를 갈지자(之)로 마구 흔들어 댄다잖아. 생각만 해도 벌써 구역질이 나오는데 어쩌지?"

"그동안 훈련받으면서 죽도록 고생한 걸 생각하라고. 여기에서 떨어지면 조종과는 절대 못 가. 바로 기계과로 보내 버린다고."

"어, 기옥이다!"

"기옥, 넌 어때? 떨리지 않아?"

동기들의 호들갑에 기옥은 피식 웃을 뿐이었다.

"쳇, 기옥은 뭐든지 최고로 해내잖아. 총검술, 사격, 유격 훈련에 산악 행군까지. 적성 검사도 당연히 통과겠지."

"기옥은 정말 철의 여인이야."

남자들에게 뒤처지지 않기 위해 기옥이 얼마나 피나는 노력을 했는지 동기들은 미처 알지 못했다. 여자라서 못한다는 소리가 나오면 교장이 당장 그만두고 돌아가라고 할지 몰랐다. 그렇다면 비행사의 꿈은 영영 이루지 못할 터였다. 또한 기옥에게는 남다른 각오가 있었다.

'내가 잘 해내야 비행사를 꿈꾸는 여학생들이 내 뒤를 이어 입학할 수 있다. 내가 힘들다고 중간에서 포기해 버리면 그들 역시 꿈을 이룰 기회를 영영 놓치고 만다.'

훈련 과정은 일제 경찰에게 고문당하고 까무러쳤던 기억이 떠오를 만큼 고통스러웠다. 주저앉고 싶을 때마다 기옥은 황무지에 길을 낸다는 생각으로 힘을 냈다.

비행 적성 검사가 시작되고 마침내 기옥의 차례가 되었다. 기옥이 비행기에 올라타자 조종사는 곧바로 비행을 시작했다. 비행기가 이리저리 마구 흔들렸지만, 기옥은 속으로 애국가를 부르며 버텼다. 비명을 지르거나 멀미를 하는 순간, 무조건 탈락이었다. 서른네 명의 생도 중에서 적성 검사를 무사히 통과한 사람은 겨우 열아홉 명뿐이었다.

"권기옥 생도, 조종과 최종 합격입니다."

기옥은 뛸 듯이 기뻤다. 기옥의 꿈과 노력을 알고 있는 교관들과 교장 선생님도 함께 기뻐해 주었다.

그리고 기옥이 첫 단독 비행을 하는 날이 왔다.

하늘은 눈이 부시도록 푸르렀다. 기옥은 비행기 조종석에 앉아 숨을 가다듬었다. 잠시 후, 프로펠러가 힘차게 돌아가면서 동력이 붙기 시작했다. 기옥이 조종간을 잡아당기자 비행기가 하늘로 날아올랐다. 몸이 공중으로 두둥실 떠오르는 느낌에 기옥은 가슴이 떨려 왔다.

'곡예비행을 처음 본 날, 비행사가 되고 싶다는 꿈을 품었다. 그토록 멀게만 느껴졌던 꿈이 어느새 이루어졌다. 꿈을 이루어 낸 사람은 다름 아닌 나 자신이다. 지금껏 포기하지 않고 달려온 나

의 노력이다. 이제 나는 두 번째 꿈을 향해 다시 달려갈 것이다.'

바람이 기옥을 응원하듯 하늘을 가르며 세차게 웅웅 댔다.

조국의 독립을 위해 날다

기옥이 윈난 항공 학교를 졸업하고 조종사 휘장인 윙(wing) 배지를 가슴에 달자마자 돌아간 곳은 상하이의 임시 정부였다.

"비행기를 사 주십시오. 제가 비행기를 몰고 조선 총독부를 폭파하러 가겠습니다."

"권 동지, 정말 대견하오. 하지만 지금 임시 정부에는 비행기를 살 돈은커녕 건물 월세를 낼 돈조차 부족하다오."

기옥은 임시 정부의 어려운 상황에 가슴 아파하며 물러날 수밖에 없었다. 하지만 그렇다고 비행기를 몰고 일본과 맞서 싸우려는 목표까지 포기할 수는 없었다.

'그래, 지금은 중국도 일본과 전쟁을 벌이고 있잖아. 중국의 공군에 입대하면 일본과 맞서 싸울 수 있겠지.'

남의 나라 군대로 입대하는 것이 편치만은 않았지만, 기옥은 훗

날을 기약하며 마음을 달랬다.

'우리 조선도 언젠가는 나라를 되찾아 번듯한 공군을 만들게 되겠지. 그날이 오면 중국 공군에서의 경험도 분명 큰 도움이 될 거야.'

1931년에 만주를 기습 점령했던 일본은 이어서 다음 해에 상하이를 침공해 왔다. 기옥은 중화민국의 대위가 되어 공중전에 투입되었다. 출전하기에 앞서 기옥은 부대원들에게 말했다.

"일본 공군은 우리보다 군사력이나 장비 면에서 훨씬 앞서 있다. 우리에겐 고작 32대의 비행기가 있을 뿐이지만, 일본군은 300대가 넘는 비행기에 항공 모함까지 갖추고 있다. 하지만!"

기옥은 잠시 숨을 고르고 다시 말을 이었다.

"그동안 공군이 되기 위해 흘렸던 피와 땀을 생각하라. 우리 한 사람, 한 사람의 힘은 생각보다 훨씬 더 막강하다. 전쟁은 장비만으로 하는 게 아니다. 이길 수 있다고 생각하는 쪽이 결국은 이기는 거다."

기옥은 정찰기를 몰고 전투에 나갔다. 기옥은 최대한 낮게 날면서 땅 위의 일본군을 향해 기관총을 쏘았다. 낮게 비행하면 일본군이 쏜 기관포나 대공포에 맞아 비행기가 추락할 위험이 컸다.

하지만 기옥은 겁나지 않았다. 기관포를 요령 있게 피하며 과감하고 대범하게 기총소사(항공기에서 땅 위의 표적을 기관총으로 쏘는 것)를 계속했다. 기옥의 용맹한 활약은 조선까지 전해졌다.

중국 창공에 조선의 붕익(鵬翼, '큰 새의 날개'라는 의미로 비행기를 뜻함)

중국 하늘을 정복하는 조선 용사, 그중에 꽃 같은 여류 용사도 있어

신문에 실린 기옥의 소식은 조선 사람들에게 큰 희망을 주었다.

"우리 조선 여성이 중국에서 비행기를 몰고 일본과 싸운다고? 정말 대단하구먼."

"그래, 우리 민족에겐 이런 용기와 저력이 있지. 머지않아 일본에 빼앗긴 나라도 되찾을 수 있을 거야."

"포기하지 말고 우리도 끝까지 일본과 싸우자고."

기옥은 일본군과 일제 경찰에게 동포들이 무참히 짓밟히는 것을 보면서도 아무것도 할 수 없어 가슴을 쳤던 날들을 떠올렸다. 기옥은 일본군을 이겨 나라를 되찾을 수만 있다면 목숨도 아깝지 않았다. 기옥은 비행기를 더 낮게 조종해 일본군 진영을 향해 기관총을 발사했다. 그때였다.

"쾅!"

굉음과 함께 기옥의 정찰기가 크게 휘청했다. 한쪽 날개가 포탄에 맞은 것이었다. 기옥의 정찰기는 균형을 잃고 땅으로 추락하기 시작했다. 비상이었다. 기옥은 비행기가 일본 진영을 벗어날 때까지 버텨 주기만을 기도했다. 하늘이 도운 덕분에 일본군의 손아귀를 벗어나 어느 들판 위에 불시착할 수 있었다. 기옥은 다친 몸을 이끌고 간신히 부대로 돌아왔다.

"권 대위는 상처가 아물 때까지 치료에만 전념하시오."

"아닙니다. 충분히 비행할 수 있습니다. 다시 전투에 나가게 해 주십시오."

"출격 금지 명령이 떨어졌소. 중국과 일본이 전쟁을 멈추겠다는 협상을 시작했소."

기옥은 낙담한 나머지 고개를 떨구었다.

중화민국은 상하이 전투에서 일본과 용감하게 맞서 싸운 기옥에게 무공 훈장을 수여했다. 기옥은 중국 군인의 신분이었지만, 마음속으로는 늘 조국의 독립을 위해 하늘을 날았다. 해방을 앞두고 임시 정부에 공군 설계 위원회가 구성되자 기옥은 위원으로 참여했다. 그토록 꿈에 그리던 조국의 공군을 창설하는 일에 힘을 보탠 것이었다.

권기옥(1901~1988)

기자는 우리나라 최초의 여성 비행사이자 '대한민국 공군의 어머니'로 불리는 권기옥 선생님을 찾아갔다. 권기옥 선생님은 일제 강점기에 항일 운동을 하다가 중국으로 건너가 비행사가 되었고, 조국의 독립을 꿈꾸며 중일 전쟁에 참전해 일본과 맞서 싸웠다. 최근 선생님은 전 재산을 정리해 기부금으로 내놓고, 교육과 장학 사업에 힘쓰고 있다고 한다.

안녕하세요. 만나 뵙게 되어 영광입니다. 실례지만 올해 연세가 어떻게 되시는지요?
제가 1901년생입니다. 어느덧 여든이 훌쩍 넘었네요.

조선 시대에 태어나셔서 일제 강점기를 거쳐 대한민국에 이르기까지 그야말로 근현대사를 온몸으로 살아 내셨다고 해도 과언이 아니군요. 최근

에는 장학 사업에 심혈을 기울이고 계시다고 들었습니다. 특별히 교육에 관심을 가지게 된 이유가 있으신가요?

나라가 부강해지려면 교육이 중요하다고 생각합니다. 제가 소학교에 다니던 시절, 여러 훌륭한 선생님에게 역사 교육을 받으면서 민족 문제와 독립에 관심을 갖게 되었습니다. 제가 한평생 조국의 독립과 민족의 발전을 위해 살 수 있었던 것은 그 선생님들과 그때 받은 교육 덕분입니다. 다시는 일제 강점기와 같이 치욕적인 역사가 반복되어서는 안 되겠지요. 그러기 위해서는 젊은이들이 공부를 열심히 해야 합니다. 저는 자식이 없지만 그렇기에 대한민국의 모든 젊은이가 제 자식이라고 생각합니다. 공부하고 싶어도 돈이 없어 못 하는 젊은이가 있다면 최대한 돕고 싶어요. 그래서 얼마 안 되는 재산이지만 모두 정리해서 장학금으로 내놓았습니다. 저도 형편이 어려워 학교에 다닐 수 없었는데, 목사님께서 장학금을 주신 덕에 공부할 수 있었거든요.

한때 출판 사업에도 힘쓰셨지요?

1957년부터 1972년까지 매년 《한국연감》을 발행했습니다. 연감이란 그 해에 있었던 특별한 사건이나 통계를 기록한 책이지요. 재정상의 어려움이 있긴 했지만, 역사를 올바로 기록하는 일이 무척 중요하다는 신념으로 열심히 했던 일입니다.

우리나라 최초의 여성 출판인으로 언론에 소개되기도 하셨지요. 선생님께서는 우리나라 최초의 여성 비행사이기도 하시니, '최초'라는 기록을 두 개나 가지고 계시네요. 소감이 어떠신지 궁금합니다.

'최초'라는 말은 저에게 전혀 중요하지 않습니다. 제가 비행기를 탄 것은 최초가 되기 위한 욕심 때문이 아닙니다. 고작 그런 욕심으로 덤벼들었다면 비행사가 되기까지의 힘든 과정을 절대로 버텨 내지 못했을 거예요. 저는 오직 조국의 독립을 위해 청춘과 열정을 바쳤을 뿐입니다. 출판도 마찬가지이고요. 저는 솔직히 '최초'니, '여성'이니 그런 말 좀 안 했으면 좋겠어요. 나라의 앞날을 걱정하는 사람으로서 당연히 해야 할 일을 열심히 했을 뿐인데 최초면 어떻고 아니면 어떻습니까. 또 여성이라고 특별히 더 칭송할 것도 없습니다. 여자가 남자보다 못한 게 뭐가 있습니까? 남자가 하는 일은 여자도 똑같이 할 수 있어요. 제가 평생 증명해 내지 않았습니까?

선생님의 말씀을 들으니 질문을 드린 제가 부끄러워지네요. 다만 어떤 일이든 최초로 이루었다는 기록이 영광스러운 이유는 그것을 이루기 위해 남들보다 더 힘든 길을 가셔야 했기 때문이겠지요. 선생님께서 처음 비행사의 꿈을 꾸었던 때만 해도 조선 여성이 비행사가 된다는 것은 상상조차 하기 어려운 일이었잖아요. 그런데도 결국은 그 꿈을 이루어 내신 점이 정말 존경스러운 것이지요.

그리 말해 주니 고맙습니다.

그런 의미에서 요즘 젊은이들에게 한 말씀 해 주시면 좋겠습니다. 특히 불가능해 보이는 꿈을 간직한 젊은이들에게요.

될까 안 될까를 미리 저울질하지 마세요. 그냥 될 때까지 계속 노력하세요. 그런 사람만이 꿈을 이룰 수 있습니다. 이건 이래서 안 되고, 저건 저래서 안 된다는 핑계만 대고 있다면 영영 꿈을 이룰 수 없어요. 그건 꿈이 애초에 불가능해서가 아니지요. 바로 그 핑계 때문에 불가능해지고 마는 것입니다.

멋지고 박력 있는 여성을 일컬어 요샛말로 '걸 크러시'라고 한다. 권기옥 선생님은 '최초'라는 수식어를 달가워하지 않으셨지만, 기자는 감히 선생님께 '최초의 걸 크러시'라는 별칭을 더해 드리고 싶다. 생전에 비행기를 몰고 하늘을 거침없이 누비셨던 독립운동가 권기옥 선생님은 1988년 어느 봄날, 다시는 돌아오지 않을 먼 비행길을 떠나셨다.

– ○○○ 기자

차별에 맞서 꿈을 이룬 빛나는 여성들

1판 1쇄 발행일 2023년 1월 9일
1판 2쇄 발행일 2024년 6월 10일

지은이 이진미
그린이 유시연

발행인 김학원
발행처 휴먼어린이
출판등록 제313-2006-000161호(2006년 7월 31일)
주소 (03991) 서울시 마포구 동교로23길 76(연남동)
전화 02-335-4422 **팩스** 02-334-3427
저자·독자 서비스 humanist@humanistbooks.com
홈페이지 www.humanistbooks.com
유튜브 youtube.com/user/humanistma **포스트** post.naver.com/hmcv
페이스북 facebook.com/hmcv2001 **인스타그램** @human_kids

편집 박현혜 **디자인** 기하늘
사진제공 국가문화유산포털 대한민국역사박물관
용지 화인페이퍼 **인쇄** 삼조인쇄 **제본** 해피문화사

글 ⓒ 이진미, 2023   그림 ⓒ 유시연, 2023

ISBN 978-89-6591-482-2 73910

- 이 책은 저작권법에 따라 보호받는 저작물이므로 무단 전재와 무단 복제를 금합니다.
- 이 책의 전부 또는 일부를 이용하려면 반드시 저작권자와 휴먼어린이 출판사의 동의를 받아야 합니다.
- **사용 연령 8세 이상** 종이에 베이거나 긁히지 않도록 조심하세요. 책 모서리가 날카로우니 던지거나 떨어뜨리지 마세요.